Kerstin Klein

So erklär' ich das!

60 Methoden für produktive Arbeit in der Klasse

IMPRESSUM

Titel: So erklär' ich das!
60 Methoden für produktive Arbeit in der Klasse
Autorin: Kerstin Klein
Druck: Druckerei Uwe Nolte, Iserlohn
Verlag: **Verlag an der Ruhr**

Postfach 10 22 51, D-45422 Mülheim an der Ruhr
Alexanderstraße 54, D-45472 Mülheim an der Ruhr
Tel.: 02 08-439 54 50, Fax: 02 08-439 54 39
E-Mail: info@verlagruhr.de
www.verlagruhr.de

ISBN 3-86072-733-8
© **Verlag an der Ruhr 2002**

Die Schreibweise der Texte folgt
der reformierten Rechtschreibung.

Alle Vervielfältigungsrechte
außerhalb der durch die Gesetz-
gebung eng gesteckten Grenzen
(z.B. für das Fotokopieren)
liegen beim Verlag.

Gedruckt auf chlorfrei
gebleichtes Papier.

S. 6 | Vorwort

INHALT

Ideen und Erfahrungen einbringen

S. 12 | „Assoziationsstern"
S. 14 | „Hummeln"
S. 16 | „Schreibgespräch"
S. 18 | „Brainstorming"
S. 20 | „Clustering"
S. 22 | „Kärtchenabfrage"
S. 24 | „Ideenkiste"
S. 28 | „Vier-Ecken-Spiel"
S. 30 | „Schneeball"
S. 32 | „Fallende Blätter"

Inhalte erarbeiten

S. 36 | „Im Sechserschritt"
S. 37 | „Textarbeit"
S. 38 | „Zitate-Jagd"
S. 41 | „Bildkartei"
S. 44 | „Bilderrallye"
S. 45 | „Planspiel"
S. 46 | „Bild-Text-Puzzle"
S. 48 | „Strukturbild"
S. 50 | „Stationenlernen"
S. 52 | „Gruppenpuzzle"

Üben und Vertiefen

S. 58 | „Freiarbeit"
S. 60 | „Sprechgesang"
S. 62 | „Streitgespräch"
S. 63 | „Lückentext"
S. 65 | „Domino"
S. 66 | „Fotopuzzle"
S. 68 | „Memory®"
S. 70 | „Quiz"
S. 71 | „Rätsel"
S. 74 | „Würfelspiel"

Evaluieren

S. 118 | „Ampelkärtchen"
S. 119 | „Blitzlicht"
S. 121 | „Koordinaten"
S. 123 | „Stimmungsbarometer"
S. 127 | „Strahl"
S. 129 | „Zielscheibe"
S. 131 | „Lernplakate bewerten"
S. 134 | „Gruppenprozesse"
S. 137 | „Eva"
S. 139 | „Feedbackbogen"

Präsentieren und Informieren

S. 98 | „Impulsreferat"
S. 99 | „Folien-Präsentation"
S. 100 | „Dialog"
S. 102 | „Szenische Präsentation"
S. 103 | „Lerngeschichte"
S. 105 | „Lernplakat"
S. 108 | „Ausstellung"
S. 111 | „Gruppenwettstreit"
S. 112 | „Feature"
S. 115 | „Grande Finale"

In Gruppen arbeiten

S. 78 | „Themengruppen"
S. 79 | „Plangruppen"
S. 80 | „Zufallsgruppen"
S. 81 | „Gruppenfahrplan"
S. 84 | „Unsere Traumschule"
S. 85 | „Brückenbau"
S. 86 | „Quadratspiel"
S. 88 | „Team-Uhr"
S. 92 | „Gruppenporträt"
S. 94 | „Auszeit"

S. 140 | Literaturhinweise

VORWORT

Liebe Kollegen*,

dieses Buch ist aus der Praxis für die Praxis.
Seit vielen Jahren bin ich als Realschullehrerin tätig und
gebe meine Erfahrungen auch in der Lehrerfortbildung weiter.
Bis heute habe ich viel Freude an meiner beruflichen Arbeit.
Wichtig ist mir, Schüler durch selbstständiges und eigenverantwortliches Arbeiten zu guten Leistungen zu bringen.
Besonders hilfreich dafür ist ein gewisses Repertoire an Methoden,
die solche Arbeitsformen unterstützen.
Natürlich erhebe ich nicht den Anspruch, die Erfinderin all
dieser Methoden zu sein. Vielmehr habe ich im Laufe der Jahre
gute Ideen zusammengetragen, in der praktischen Anwendung
modifiziert und verbessert und in dieser Sammlung mit hilfreichen
Hinweisen versehen.

Methodenvielfalt ist Voraussetzung für einen erfolgreichen Unterricht!

Die hier vorgestellten Methoden

→ fördern das selbstständige und eigenverantwortliche Lernen und Arbeiten,

→ können immer wieder verändert und den Voraussetzungen angepasst werden,

→ sind in der Sekundarstufe I und in der Erwachsenenbildung erprobt und werden modifiziert in anderen Stufen eingesetzt,

→ werden durch den Einsatz von elektronischen Medien ergänzt, perfektioniert und weiterentwickelt.

---

*) Aus Gründen der besseren Lesbarkeit haben wir in diesem
Buch durchgehend die männliche Form verwendet.
Natürlich sind damit auch immer Frauen und Mädchen gemeint,
also Lehrerinnen, Schülerinnen etc. Wir bitten daher unsere
Leserinnen, sich ebenso angesprochen zu fühlen.

Damit Sie trotz der Vielzahl an Methoden schnell die richtige für Ihr gerade aktuelles Vorhaben finden, sind alle Methoden nach ihren Einsatzmöglichkeiten im Unterricht sortiert. Die Kapitel der Methodensammlung orientieren sich an den folgenden sechs Waben:

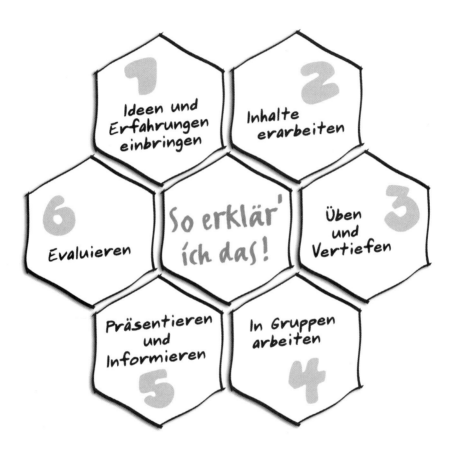

Zum besseren Verständnis der hier vorgestellten Methoden habe ich viele Beispiele eingefügt. Sie entstammen meinem eigenen Unterricht und sind deshalb weitgehend den von mir unterrichteten Fächern Deutsch, Ethik, Geschichte und Gemeinschaftskunde zuzuordnen. Natürlich können alle Methoden auch auf andere Fächer übertragen werden. Hier wie dort ermöglichen sie einen abwechslungsreichen Unterricht.

Bei der Umsetzung sollten Sie bedenken, dass Gruppenarbeit und selbstständiges Arbeiten zuerst in kleinen Schritten trainiert werden müssen. Auch müssen Sie selbst sich vielleicht erst mit den verschiedenen Methoden vertraut machen und ausprobieren, welche für Ihren Unterricht am besten geeignet sind.

Wenn es bei der Anwendung Probleme geben sollte, fragen Sie die Schüler, woran es gelegen hat. Ich habe durch diese Rückmeldungen wertvolle Informationen erhalten, die auch in dieses Buch eingeflossen sind.

Durch den Einsatz der hier vorgestellten Methoden wird der Unterricht abwechslungsreicher und spannender, die Schüler werden selbstständiger, kreativer und teamfähiger. Sie werden zu Arbeitspartnern, die eigene Ideen und Vorstellungen haben und diese auch einbringen. Wir können ihnen mehr zutrauen, als wir oft denken. Für das, was sie selbst gestalten, fühlen sie sich eher verantwortlich – und das kann für uns Lehrer entlastend sein.

Mein ganz herzlicher Dank gilt meinem Mann
für die Unterstützung bei dieser Arbeit.

Kerstin Klein
April 2002

IDEEN UND ERFAHRUNGEN EINBRINGEN

„Assoziationsstern"
„Hummeln"
„Schreibgespräch"
„Brainstorming"
„Clustering"
„Kärtchenabfrage"
„Ideenkiste"
„Vier-Ecken-Spiel"
„Schneeball"
„Fallende Blätter"

Motivation für ein Thema wird geweckt, wenn
ein Bezug zur eigenen Lebenswelt geschaffen wird.
Wenn die Ideen und Erfahrungen der Teilnehmer einbezogen werden,
sind sie eher an der weiteren Arbeit interessiert.

Hier werden Methoden vorgestellt, mit deren Hilfe auch bei
großen Gruppen alle Teilnehmer einbezogen werden können –
der Schwerpunkt der folgenden Auswahl.
Diese Methoden sind für den Einstieg in neue Themen geeignet, wenn
es z.B. um die Inhalte der verschiedenen Fächer geht. Ebenso sind
sie geeignet für die Planung von Unternehmungen, die Erstellung
von Klassenregeln, die Bearbeitung von Klassenproblemen etc.

Ideen und Erfahrungen einbringen

„Assoziationsstern"

 **Einsatzmöglichkeiten:**
- zu jedem Unterrichtsthema, das neu bearbeitet wird,
- zu aktuellen Themen, die erst einmal still überdacht werden sollen,
- zur Entwicklung von Lösungsstrategien.

 Sozialform:
Jeder überlegt zuerst für sich allein und lässt sich dann durch die Beiträge der Gruppenmitglieder anregen.

Beschreibung:
Das Plenum wird in Gruppen mit vier bis höchstens sechs Teilnehmer eingeteilt. Jede Gruppe erhält einen großen Papierbogen, auf dem in der Mitte groß das Thema steht. Die Teilnehmer überdenken das Thema still für sich und bearbeiten es schriftlich ohne zu sprechen. Der Papierbogen liegt vor ihnen auf dem Tisch oder Boden, daneben die Marker. Wer einen Einfall, eine Bemerkung oder eine Frage zu dem Thema äußern will, schreibt sie auf den Bogen. Durch Antworten, Gegenfragen, Weiterfragen, Unterstreichungen, Fragezeichen, Verbindungslinien, Pfeile kann auf die Äußerungen anderer Teilnehmer eingegangen werden.

 Anmerkungen:
- Das Schreibgespräch ermutigt auch weniger Redegewandte sich einzubringen, weil sie sich in einfachen Stichworten, unvollständigen Sätzen oder Zeilen äußern können, ohne dass ihnen jemand ins Wort fällt.
- Jeder konzentriert die eigene Aussage auf das Wesentliche.
- Das Schreibgespräch ermöglicht Aktivität für jeden Teilnehmer und macht Spaß.

 Material:
☐ Papierbögen, ca. 70 x 100 cm
☐ breite Marker

Ideen und Erfahrungen einbringen

„Assoziationsstern"

BEISPIEL

Assoziationsstern einer 7. Klasse zum Thema „Gewalt":
Aktueller Anlass für die Bearbeitung des Themas
war der Anschlag vom 11. September 2001.
Bei einigen Äußerungen wurde nachgefragt, kritisch kommentiert und ergänzt.
In der weiteren Arbeit ging es um Ursachen und Auswirkungen von Gewalt.
Dafür waren die Assoziationssterne eine wesentliche Grundlage.

Welcher Art? Erpressung
Bedrohung

Was ist das? Fertig gemacht werden!
Mobbing

Schlägerei

Vergewaltigungen !

Rassismus

Das ist für mich Gewalt:

VERGELTUNG

Wenn Unschuldige diskriminiert werden

Mord

Krieg
Zerstörung

Terroranschläge

Gangs sind für mich
die größte Gewalt, die es gibt!

Welcher Art?
World Trade Center

BoB der Baumeister
Ist eine Kinderserie
und keine Gewalt!
Doch!
Doch!

Tote und Verletzte
Sind keine Gewalt,
sondern Auswirkungen
von Gewalttaten!

60 Methoden für produktive Arbeit in der Klasse
© Verlag an der Ruhr, Postfach 10 22 51, 45422 Mülheim an der Ruhr, www.verlagruhr.de

Ideen und Erfahrungen einbringen

„Hummeln"

Einsatzmöglichkeiten:
- zu jedem Unterrichtsthema, das neu bearbeitet wird,
- zur Planung von Veranstaltungen,
- zur Entwicklung von Lösungsstrategien.

Sozialformen:
Einzel-, Gruppenarbeit, Plenum

Beschreibung:
Auf mehreren Tischen werden große Papierbögen ausgelegt,
auf denen Fragen oder Impulse stehen.
Die Teilnehmer gehen herum und nehmen schriftlich Stellung.
Auch Stellungnahmen können wiederum kommentiert werden.
Die Zahl der Runden ist durch eine eventuell vorgegebene Zeit begrenzt.
Es ist nicht erlaubt, miteinander zu reden.
Die Bögen können anschließend von jeweils einer Gruppe
vorgestellt und diskutiert werden.

Anmerkungen:
- Der Raum muss so gestaltet sein, dass die Teilnehmer um die Tische herumgehen können. Die Zahl richtet sich nach der Gruppengröße, wobei im Schnitt nicht mehr als sechs Personen an einem Tisch beschäftigt sein sollten.
- Je nach Frage oder Impuls können auf diese Weise Ideen und Erfahrungen zu bestimmten Themen gesammelt bzw. Inhalte vertieft werden. Es können auch Themen bearbeitet werden, die für die Klassengemeinschaft wichtig sind.
- Der Name ist der Open-Space-Methode entlehnt. Mit „hummeln" ist gemeint, dass die Teilnehmer verschiedene Fragestellungen „befruchten".

Material:
☐ mehrere Papierbögen, ca. 70 x 100 cm, mit vorbereiteten Fragen oder Impulsen (auch Bildimpulsen)
☐ jeder Teilnehmer hat einen breiten Marker

Ideen und Erfahrungen einbringen

„Hummeln"

BEISPIEL

Planung einer Veranstaltung in der Klasse 7:
Elternabend zur Präsentation der Ergebnisse eines Unterrichtsprojektes

Sechs Plakate mit den folgenden Arbeitsbereichen liegen auf den Tischen aus. Die Schüler können Vorschläge zu den verschiedenen Bereichen äußern:
– Vorschläge für die Verköstigung
– Begrüßung und Begleitung durch das Programm
– Raumgestaltung
– Reihenfolge der Präsentationen
– Einladungsschreiben
– Medieneinsatz

Beispiel für eines der Plakate:

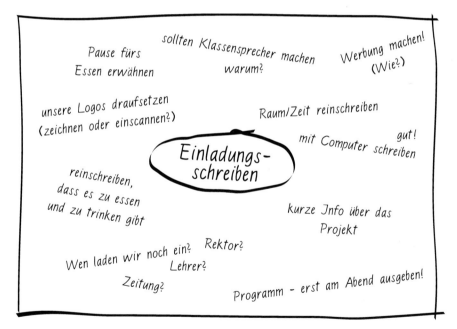

Die Ideen der Plakate werden im Plenum besprochen und dienen den Teams, die die einzelnen Aufgaben übernehmen, als Grundlage für die Vorbereitung des Elternabends. Die Gesamtgestaltung wird eigenständig durchgeführt.

Ideen und Erfahrungen einbringen

„Schreibgespräch"

Einsatzmöglichkeiten:
- um erste Überlegungen zu einem Thema anzustellen,
- um sich mit verschiedenen Aspekten eines Themas auseinander zu setzen,
- um Begriffe zu definieren.

Sozialform:
Jeder überlegt erst für sich allein und lässt sich dann
durch die Beiträge der Gruppenmitglieder anregen.

Beschreibung:
Die Teilnehmer werden in Gruppen von vier bis sechs Personen aufgeteilt.
Jeder hat ein DIN-A4-Blatt im Querformat vor sich liegen und faltet es so,
dass drei gleich breite Spalten entstehen.
Zu einem vorgegebenen Thema werden drei Äußerungen nebeneinander in
gleicher Höhe in die drei Spalten notiert. Dabei darf nicht geredet werden.
Danach reicht jeder sein Blatt an den Nachbarn zur Linken weiter,
der unter den Beitrag, zu dem er Stellung nehmen möchte,
seine Bemerkungen oder Fragen in die entsprechende Spalte schreibt.
Die Blätter werden im Uhrzeigersinn weitergereicht und kommentiert,
bis jeder seine Äußerungen samt den Anmerkungen der anderen
Teilnehmer wieder vor sich hat.

Anmerkung:
Dieses Verfahren eignet sich für die gleichen Themenbereiche
wie der Assoziationsstern und hat wie dieser das Ziel,
dass jeder sich zu einem Thema äußert und Rückmeldung bekommt.

Material:
☐ DIN-A4-Blätter für jeden Teilnehmer
☐ Stifte

Ideen und Erfahrungen einbringen

„Schreibgespräch"

BEISPIEL

**Vorbereitung auf das Projekt
„Wirtschaften, Verwalten und Recht":**
Die Teilnehmer wurden in 5er-/6er-Gruppen eingeteilt.
Jeder erhielt den Bogen mit den drei Begriffen, der in der Gruppe
weitergegeben und ergänzt oder kommentiert wurde.

Wirtschaften:	Verwalten:	Recht:

Anschließend hatte jede Gruppe die Aufgabe,
sich auf eine Definition zu einigen, sie auf einen Streifen
zu schreiben und an die Pinnwand/Tafel zu heften.
Das Ergebnis von vier Gruppen war folgendes:

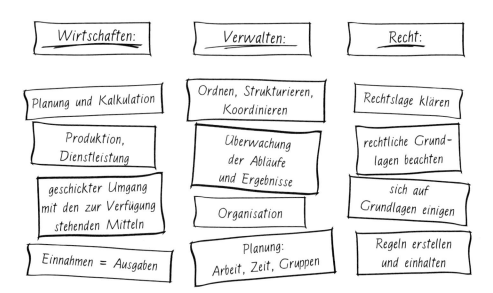

Ideen und Erfahrungen einbringen

„Brainstorming"

Einsatzmöglichkeiten:
- zu jedem Unterrichtsthema, das neu bearbeitet wird,
- zu aktuellen Themen,
- zur Wiederholung von Unterrichtsthemen anhand von Stichwörtern.

Sozialform:
Plenum

Beschreibung:
In der Mitte der Tafel oder auf einem großen Papierbogen steht ein Thema oder Problem als Denkanstoß. Die Teilnehmer werden aufgefordert, sich dazu Gedanken zu machen und spontan ein für sie wichtiges Stichwort zu nennen. Jeder ist daran beteiligt.
Die Stichwörter werden um das Thema herumgeschrieben.
Eine Strukturierung ist nicht erforderlich, kann sich allerdings
bei der weiteren Bearbeitung eines Themas anschließen.

Anmerkungen:
- Wichtig ist, dass jeder seine Assoziation nennt und keinerlei Wertung erfolgen darf, denn nur so ist es möglich, neuen Gedanken und Ideen Raum zu geben.
- Es ist auch möglich, auf diese Weise ein Thema zu wiederholen, indem wichtige Begriffe genannt werden, die anschließend von den Teilnehmern geordnet und genauer erläutert werden.

Material:
☐ Tafel und farbige Kreide
oder
☐ Papierbogen (ca. 70 x 100 cm) und breite Marker

Ideen und Erfahrungen einbringen
„Brainstorming"
BEISPIEL

> Wiederholung des Themas „Absolutismus"
> im Fach Geschichte, Klasse 8:

Manufakturen

„Der Staat bin ich ..."

Steuern

Sonnenkönig

Dritter Stand

Kolonien  Zollschranken

Merkantilismus   Mazarin

Stehendes Heer

Versailles   Machtfülle

Stützen der Macht

Ludwig der XIV.

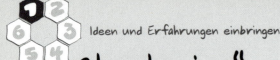

Ideen und Erfahrungen einbringen

„Clustering"

 Einsatzmöglichkeiten:
- sich in ein Thema vertiefen und alle Gedanken dazu notieren,
- sich verschiedene Aspekte eines Themas klar machen,
- Gedankenketten bilden und dadurch die Gedanken ordnen.

 Sozialform:
Einzelarbeit

 Beschreibung:
Jeder Teilnehmer hat ein leeres DIN-A4-Blatt und verschiedenfarbige Stifte vor sich liegen. Ein Stichwort bzw. Thema wird vorgegeben, in die Mitte des Blattes geschrieben und mit einem Kreis umgeben. Die Aufgabe ist nun, alle Gedanken zu diesem Stichwort um die Mitte herum zu schreiben. Sie werden ebenfalls mit einem Kreis umgeben und durch eine Linie mit dem Thema verknüpft.
Wenn zu einem Gedanken weitere folgen, die dazugehören, werden sie miteinander durch weitere Striche zu einer Kette verbunden und evtl. ergänzt.
Die Zeit für die Ideensammlung kann auf zehn Minuten begrenzt werden.

 Anmerkungen:
- Wie beim Brainstorming sollte auch hier jede Wertung unterbleiben, da sie den Ideenfluss hemmt.
- Man kann die Aufgabe anschließen, mit Hilfe der Notizen in ca. 15 Minuten einen Text zu dem Stichwort zu schreiben und ihn vorzulesen.

 Material:
☐ DIN-A4-Blätter
☐ Stifte für jeden Teilnehmer

Ideen und Erfahrungen einbringen

„Clustering"

BEISPIEL

> Cluster, das als vorbereitende Stoffsammlung
> für einen Text/ein Gedicht
> zum Thema „Herbst" angelegt wurde:

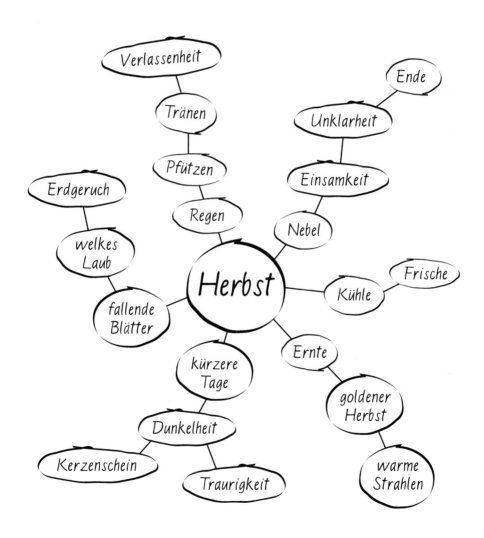

60 Methoden für produktive Arbeit in der Klasse

Ideen und Erfahrungen einbringen

„Kärtchenabfrage"

Einsatzmöglichkeiten:
- zu jedem Unterrichtsthema, das neu bearbeitet wird,
- zur Planung von Veranstaltungen,
- zur Entwicklung von Lösungsstrategien.

Sozialform:
Jeder überlegt erst für sich allein, die Strukturierung und Auswertung erfolgt im Plenum.

Beschreibung:
Ein Thema hängt als Impuls an der Pinnwand.
Die Teilnehmer äußern sich dazu über Moderationskärtchen,
die gut lesbar beschriftet und angeheftet werden.
Auf jedes Kärtchen wird nur eine Äußerung notiert.
Wenn alle Teilnehmer ihre Kärtchen angepinnt haben,
können die Beiträge geordnet und strukturiert werden.
In Gruppen können die Ergebnisse weiter bearbeitet,
ergänzt und ausgewertet werden.

Anmerkungen:
- Die Kärtchenabfrage ist gut geeignet zur Lösung komplexer Probleme, die ein konstruktives und kreatives Arbeiten in Gruppen erfordern.
- Alle Meinungen kommen zum Tragen, auch von denen, die sich mündlich eher nicht äußern.
- Eine wesentliche Grundregel muss eingehalten werden: Die Beiträge dürfen nicht bewertet und beurteilt werden, denn alle Äußerungen sind wichtig.

Material:
☐ Pinnwand
☐ breite Marker
☐ Moderationskärtchen

Ideen und Erfahrungen einbringen

„Kärtchenabfrage"

BEISPIEL

**Kärtchenabfrage zum Thema „Römer"
im Fach Geschichte, Klasse 7:**

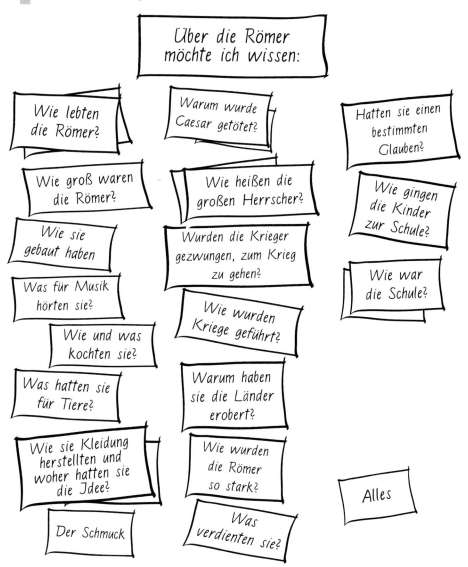

Über die Römer möchte ich wissen:

- Wie lebten die Römer?
- Warum wurde Caesar getötet?
- Hatten sie einen bestimmten Glauben?
- Wie groß waren die Römer?
- Wie heißen die großen Herrscher?
- Wie gingen die Kinder zur Schule?
- Wie sie gebaut haben
- Wurden die Krieger gezwungen, zum Krieg zu gehen?
- Was für Musik hörten sie?
- Wie war die Schule?
- Wie und was kochten sie?
- Wie wurden Kriege geführt?
- Was hatten sie für Tiere?
- Warum haben sie die Länder erobert?
- Wie sie Kleidung herstellten und woher hatten sie die Idee?
- Wie wurden die Römer so stark?
- Alles
- Der Schmuck
- Was verdienten sie?

Doppelungen wurden übereinander geheftet, außerdem wurden die Kärtchen strukturiert.

Ideen und Erfahrungen einbringen

„Ideenkiste"

 Einsatzmöglichkeiten:
- eigene Vorstellungen zu einem Thema formulieren,
- den Informationsstand zu einem Thema abfragen,
- verschiedene Aspekte eines Themas beleuchten.

 Sozialformen:
Einzel-, Gruppenarbeit, Plenum

Beschreibung:
Jeder Teilnehmer erhält ein vorbereitetes DIN-A4-Blatt, das in mehrere Abschnitte untergliedert ist. Die Zahl der Abschnitte richtet sich nach der Zahl der anschließend gewünschten Arbeitsgruppen. Jeder Abschnitt enthält eine Aufgabe, zu der in Einzelarbeit die eigenen Ideen bzw. Erfahrungen notiert werden. Die Blätter werden danach so zusammengelegt, dass die gleichen Aufgaben aufeinander liegen, und entsprechend geschnitten, sodass von jedem Abschnitt ein Stapel vorhanden ist. Anschließend wird die Gruppe in die entsprechende Zahl von Kleingruppen aufgeteilt, die jeweils einen Stapel zur Bearbeitung erhalten. Das Thema wird strukturiert und dann den anderen Gruppen präsentiert. Man kann eine Diskussionsrunde anschließen, in der die Ideen und Erfahrungen aufgearbeitet werden.

 Anmerkungen:
- Diese schriftliche und anonyme Ideensammlung ermutigt auch Zurückhaltende sich einzubringen. So erhält man ein breites Spektrum an Ideen, Erfahrungen und Kenntnissen.
- Bei großen Gruppen kann der Stapel eines Abschnitts auch auf zwei Kleingruppen aufgeteilt werden, sodass bei drei Abschnitten sechs Kleingruppen gebildet werden können.

 Material:
☐ DIN-A4-Blätter mit vorbereiteter Aufgabenstellung in der Anzahl der Teilnehmer
☐ Stifte
☐ Schneidegerät

Ideen und Erfahrungen einbringen

„Ideenkiste"

BEISPIEL

**Einstieg in das Thema „Römer"
im Fach Geschichte, Klasse 7:**
Die Schüler konnten ihr Vorwissen einbringen und angeben, was sie an dem Thema interessieren würde.
Sie trugen in jede Spalte ein, was ihnen dazu einfiel.

Die Bögen von 28 Schülern wurden mit der gleichen Seite nach oben aufeinander gelegt und in drei Stöße zerschnitten, sodass auf den drei Stößen jeweils 28 Streifen lagen.
Um ein zügiges Auswerten in kleinen Gruppen zu ermöglichen, wurde jeder Stoß unter drei Gruppen mit je 10/9/9 Streifen aufgeteilt, sodass neun Gruppen an der Auswertung beteiligt waren.

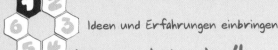

Ideen und Erfahrungen einbringen

„Ideenkiste"

BEISPIEL

▮ Die Auswertung der Stöße führte zu folgendem Ergebnis:

Über die Römer weiß ich:
- die Römer besetzten viele Länder
- sie scheiterten an Deutschland
- sie lebten sehr gut
- sie haben Caesar umgebracht
- sie lebten sehr modern
- Zirkusspiele und Gladiatorenkämpfe
- die Reichen lebten in Villen, die Armen in armseligen Wohnungen
- sie rechneten mit römischen Zahlen
- sie waren sehr stark
- sie hatten ihr Reich abgegrenzt, damit sie nicht überfallen wurden
- sie sprachen Latein
- sie hatten viele Sklaven
- für ihre Zeit waren sie weit entwickelt
- sie haben viel gegessen
- sie haben viele Feste gefeiert

Über das Leben der Kinder im Römischen Reich weiß ich:
- nichts
- nur die Reichen mussten Schreiben und Lesen lernen
- sie sind sehr schwer bestraft worden
- sie wurden streng erzogen
- sie haben auf Wachstäfelchen geschrieben

Ideen und Erfahrungen einbringen

„Ideenkiste"

BEISPIEL

Über die Römer möchte ich wissen:
- wie und wann die Römer die Länder eingenommen haben
- wie die Kinder gelebt haben
- warum wurde Caesar umgebracht
- warum haben sie die Länder erobert
- alles über die Frauen und Kinder
- wie sie genau gelebt haben
- wurden die Krieger gezwungen in den Krieg zu gehen
- wie sie gegessen haben/wie haben sie sich ernährt
- was hatten sie für Namen
- hatten sie einen bestimmten Glauben
- was haben sie verdient
- wie führten sie Kriege
- wie waren sie angezogen
- was haben sie hergestellt
- was hatten sie für Tiere
- was für Häuser hatten sie
- warum schrieben sie nicht auf Papier
- was haben sie für Musik gehört

Das Ergebnis wurde gemeinsam strukturiert,
einige Bereiche wurden zusammengefasst.
Daraus ergaben sich die Themen für die anschließende
Gruppenarbeitsphase:
Götter/Glauben – Familie (Frauen, Kinder, Schule) – Kriege/Eroberungen –
Herrscher/Politik – Bauwerke/Häuser – Ernährung/Feste –
Handel/Verkehr – Landwirtschaft – Zirkusspiele – Römer in Germanien

Ideen und Erfahrungen einbringen

„Vier-Ecken-Spiel"

Einsatzmöglichkeiten:
- den eigenen Standpunkt klären und sich entscheiden,
- Austausch mit anderen, die die gleichen Vorstellungen, bzw. Voraussetzungen mitbringen,
- Vermutungen anstellen über das mögliche Ergebnis eines Versuchs, oder den Fortgang eines Ereignisses.

Sozialform:
Jeder trifft für sich eine Entscheidung, die in der Gruppe diskutiert und dann evtl. im Plenum vorgestellt wird.

Beschreibung:
Die Teilnehmer befinden sich in der Mitte des Raumes, der so hergerichtet ist, dass sie frei umhergehen können. Die Spielleitung stellt eine Frage bzw. gibt eine Aufgabe und nennt vier Entscheidungsmöglichkeiten, die den vier Ecken des Raumes zugeordnet werden. Je nach Entscheidung gehen die Teilnehmer in die entsprechende Ecke. Wer sich nicht entscheiden kann, bleibt in der Mitte des Raumes stehen. Die Personen, die sich in der jeweiligen Ecke treffen, tauschen sich über ihre Entscheidung aus und sprechen über die Ideen und Erfahrungen, die sie damit verbinden. Anschließend stellen sie ihre Diskussionsergebnisse evtl. den anderen Gruppen vor.

Anmerkungen:
- Das Spiel kann auch als Drei- oder Fünf-Ecken-Spiel konzipiert werden.
- Das Spiel kann mehrere Durchgänge haben.
  Beim ersten sind die Fragen recht allgemein gehalten.
  In den nachfolgenden Durchgängen können die Fragen präzisiert werden.
- Das Spiel schafft eine entspannte Atmosphäre und ermöglicht neben dem persönlichen Kennenlernen einen Zugang zum Thema.

Material:
- ☐ entsprechend vorbereiteter Raum und vorbereitete Fragen
- ☐ Bögen mit Entscheidungsmöglichkeiten, die in den vier Ecken aufgehängt oder ausgelegt werden

Ideen und Erfahrungen einbringen

„Vier-Ecken-Spiel"

BEISPIEL

Vier-Ecken-Spiel zum Thema „Familie":
Die Teilnehmer, die sich in einer der Ecken getroffen haben, reflektieren ihre Rolle und tauschen ihre Erfahrungen aus.
1. Welche Vorteile bietet meine Rolle?
2. Welche Nachteile sind damit verbunden?

BEISPIEL

Berufsorientierung nach dem Berufspraktikum in Klasse 9:
   1. Ich strebe einen sozialen Beruf an.
   2. Die IT-Branche bietet mir die besten Zukunftschancen.
   3. Kaufmännische Berufe interessieren mich am meisten.
   4. Ich halte es für das Beste, eine weiterführende Schule zu besuchen.

Die Teilnehmer reflektieren die Gründe für ihre Entscheidung und tauschen ihre Praktikumserfahrungen aus. Anschließend stellen sie ihre Überlegungen im Plenum vor und stellen sie zur Diskussion.

Ideen und Erfahrungen einbringen

„Schneeball"

Einsatzmöglichkeiten:
- zu jedem Thema, bei dem es darauf ankommt, sich auf die wichtigsten Aspekte zu beschränken,
- zur Entwicklung von Lösungsstrategien,
- zur Planung von Vorhaben.

Sozialformen:
Einzel-, Partner-, Gruppenarbeit und Plenum

Beschreibung (siehe Grafik auf der folgenden Seite):
Jeder Teilnehmer notiert zu einem Sachverhalt oder einer Fragestellung z.B. fünf wichtige Ideen oder Vorschläge. (Die Zahl der Ideen ist variabel, auch bei den nachfolgenden Ausführungen.)
Anschließend sucht sich jeder einen Partner. Beide einigen sich auf die sechs wichtigsten der gemeinsamen zehn Punkte und schreiben diese auf. Als nächstes einigen sich drei bis vier Paare auf acht Punkte und notieren sie gut lesbar mit breiten Markern auf Streifen von ca. 42 x 7,5 cm, die aus DIN-A3-Blättern geschnitten werden.
Jeder Vorschlag wird auf einen Streifen geschrieben.
Diese werden an eine Pinnwand geheftet oder auf dem Boden ausgelegt.
Die Gruppen sichten die Streifen, ordnen sie und diskutieren das Ergebnis.

Anmerkungen:
- Die Methode ist gut geeignet, um Ideen zu sammeln und sich dabei auf wichtige Aspekte zu konzentrieren. Aus vielen Schneeflocken wird ein Schneeball geformt.
- Wichtig ist es, die Größe der Gesamtgruppe zu berücksichtigen und flexibel zu reagieren.

Material:
☐ DIN-A4-Blätter und Stifte für jeden
☐ außerdem DIN-A3-Blätter, die längs in je drei Streifen von 42 x 7,5 cm geschnitten werden
☐ Stifte und breite Marker

Ideen und Erfahrungen einbringen

„Schneeball"

Schneeball-System: Aufteilung bei 25 Teilnehmern:
Nachdem in Einzelarbeit die Ideen notiert wurden, werden eine Dreier- und elf Zweiergruppen gebildet, danach schließen sich jeweils drei dieser Kleingruppen zu insgesamt vier Großgruppen zusammen.

25 Teilnehmer notieren je fünf Ideen.

12 Kleingruppen einigen sich auf je sechs Ideen.

Vier Großgruppen einigen sich auf je acht Ideen und präsentieren sie.

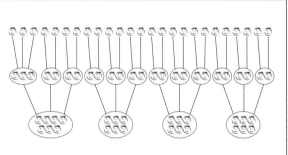

Erstellung von Klassenregeln mit einer 7. Klasse:

BEISPIEL

Hier wurden für die Ideen nicht die Anzahlen 5/6/8 vorgegeben, sondern 4/5/5 für die einzelnen Arbeitsschritte.
Jeder sollte sich allein vier Beispiele für Regeln überlegen, mit dem Partner fünf und schließlich in der Großgruppe ebenfalls fünf.
Bei den Ergebnissen wurde festgestellt, dass es Überschneidungen gab.
Im Plenum ergab die Diskussion, dass sich die erarbeiteten Regeln zu drei Sätzen zusammenfassen ließen.
Sie wurden auf einem Plakat festgehalten und von den Schülern mit den folgenden Symbolen versehen:

1. Wir sollten friedlich miteinander umgehen und die Meinung der anderen achten.

2. Jeder versucht sich diszipliniert und verantwortungsbewusst zu verhalten.

3. Das Klassenzimmer wird ordentlich und sauber gehalten.

Ideen und Erfahrungen einbringen

„Fallende Blätter"

 **Einsatzmöglichkeiten:**
- zu jedem Unterrichtsthema, das neu bearbeitet wird,
- zur Planung von Veranstaltungen,
- zur Entwicklung von Lösungsstrategien.

 Sozialform:
Jeder überlegt erst für sich allein, die Strukturierung und Auswertung erfolgt im Plenum.

Beschreibung:
Das Thema oder der Impuls wird auf eine Moderationskarte geschrieben und auf den Boden gelegt. Die Teilnehmer bilden einen Sitzkreis, der in der Mitte eine freie Bodenfläche ermöglicht. Sie schreiben jede ihrer Ideen gut lesbar auf ein Moderationskärtchen. Diese Kärtchen werden auf dem Boden ausgelegt wie Blätter, die im Herbst von den Bäumen fallen. Die Teilnehmer gehen durch den Raum, schauen sich die Kärtchen an und ergänzen sie evtl. durch weitere Ideen.
Dafür sollten sie genügend Zeit zur Verfügung haben.
Die Kärtchen können anschließend sortiert werden, sodass eine Struktur für das Thema entsteht.

 Anmerkungen:
- „Fallende Blätter" ist eine Variante der Kärtchenabfrage, die allerdings mehr Bewegung ermöglicht.
- Ziel ist, alle Teilnehmer zu beteiligen und zum Mitdenken anzuregen. Jede Meinung zählt, jede Äußerung ist wichtig.
- Auch hier gilt die Grundregel: Die Beiträge dürfen nicht bewertet und beurteilt werden, denn alle Äußerungen sind wichtig.

 Material:
☐ freie Fläche auf dem Boden
☐ breite Marker
☐ Moderationskärtchen

Ideen und Erfahrungen einbringen

„Fallende Blätter"

BEISPIEL

Beispiel für die Verteilung der Sitzplätze:
Der großzügige Kreisinnenraum ermöglicht den Teilnehmern einen guten Überblick.

INHALTE ERARBEITEN

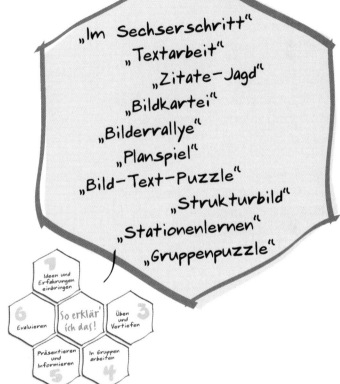

„Im Sechserschritt"
„Textarbeit"
„Zitate-Jagd"
„Bildkartei"
„Bilderrallye"
„Planspiel"
„Bild-Text-Puzzle"
„Strukturbild"
„Stationenlernen"
„Gruppenpuzzle"

Neue Inhalte kann man sich mit verschiedenen Arten von Texten erarbeiten. Es kann sich um geschriebene, gesprochene oder gesungene Texte aus unterschiedlichen Quellen handeln.

Eine weitere Möglichkeit ist die Arbeit mit bildlichen Darstellungen verschiedener Art, mit stehenden als auch bewegten Bildern.

Beide Arten der Erarbeitung werden häufig kombiniert.
Diese Methoden bilden bei der folgenden Auswahl den Schwerpunkt.

Inhalte erarbeiten

„Im Sechserschritt"

Einsatzmöglichkeiten:
- Inhalte erarbeiten bei jeder Art von Texten,
- in allen Fächern, schwerpunktmäßig im Fach Deutsch.

Sozialform:
Einzelarbeit

Vorüberlegung:
Vielen Schülern fehlt das richtige Handwerkszeug,
um einen Zugang zu Texten zu bekommen.
Die folgenden Schritte sollen eine Hilfestellung geben.

Beschreibung:
1. Verschaffe dir zuerst einen groben Überblick:
   Du **überfliegst** die Überschrift und die einzelnen Abschnitte,
   damit du weißt, um was es geht.
2. Stelle dir **Fragen**: Um welches Thema geht es?
   Welche Personen/Ereignisse etc. kommen vor?
   Was will der Text mir mitteilen?
3. Jetzt musst du den Text **gründlich lesen**,
   manche Textstelle sicher mehrmals.
4. Wenn du den Text verstanden hast, kannst du die wichtigsten Textstellen
   markieren. Lass dir genügend Zeit, damit du **nicht zu viel** markierst.
5. Lege nach gründlichen Überlegungen ein **Strukturbild** (siehe S. 48) an,
   um die Gesichtspunkte/Gliederungspunkte/Abschnitte optisch klar
   darzustellen.
6. Schreibe mit Hilfe des Strukturbildes eine **Zusammenfassung** des Textes.

Anmerkung:
Diese Technik sollte intensiv eingeübt und wiederholt werden,
denn dieses Vorgehen erleichtert die Arbeit in allen Fächern.

Material:
☐ verschiedene Arten von Texten

Inhalte erarbeiten

„Textarbeit"

Einsatzmöglichkeiten:
- Inhalt eines Textes erarbeiten in allen Fächern,
- Informationen, die weitergegeben werden sollen, unter bestimmten Gesichtspunkten herausarbeiten.

Sozialformen:
Einzel-, Gruppenarbeit, Plenum

Beschreibung:
Die Teilnehmer erhalten Informationen in einem kurzen, klar strukturierten Text. Sie arbeiten den Text für sich durch und markieren die wichtigsten Begriffe (siehe auch: „Im Sechserschritt", S. 36).
Das Textverständnis kann mit Hilfe von vorgegebenen Fragen erarbeitet werden, die zuerst in Einzelarbeit schriftlich zu beantworten sind. Es kann sich eine umfangreichere Aufgabe für die Gruppenarbeit anschließen, die nur bewältigt werden kann, wenn der Text verstanden worden ist. Das Ergebnis der Aufgabe soll dann den anderen Gruppen vorgestellt und erläutert werden.

Anmerkungen:
- Texte haben gegenüber dem nur mündlich vorgetragenem Referat den großen Vorteil, in dem Tempo der Lesenden durchgearbeitet werden zu können.
- Die Teilnehmer brauchen nichts mitzuschreiben. Sie können sich vielmehr intensiv mit dem Text auseinander setzen und sich die für sie wichtigen Begriffe bewusst in ihr Gedächtnis einprägen.

Material:
☐ Texte
☐ Textmarker

Inhalte erarbeiten

„Zitate-Jagd"

Einsatzmöglichkeiten:
- Inhalte erarbeiten anhand von Zitaten bzw. Textstellen, die in den zugehörigen Kontext einzuordnen sind,
- Personen charakterisieren,
- Zusammenhänge herstellen,
- chronologische Abfolgen nachvollziehen.

Sozialformen:
Einzel-, Partnerarbeit, Plenum

Beschreibung:
Aus einem Buch, das für alle Teilnehmer zur Verfügung steht, werden Textausschnitte oder Zitate herausgesucht, auf ein Arbeitsblatt geschrieben und für die Teilnehmer kopiert.
Die Aufgabe besteht darin, herauszufinden
1. von wem das Zitat stammt,
2. was es bedeutet,
3. in welchen Zusammenhang es gehört.
Anschließend wird in Partnerarbeit das Ergebnis verglichen und im Plenum vorgetragen.

Anmerkungen:
- Es kann die Aufgabe ergänzt werden, die richtige bzw. eine sinnvolle Reihenfolge für die Zitate zu finden.
- Anschließend können die Teilnehmer dazu einen zusammenhängenden Text schreiben und dem Plenum vortragen.

Material:
☐ Liste mit Zitaten als Kopie für alle Teilnehmer
☐ für jeden das Buch, dem die Zitate entnommen wurden

Inhalte erarbeiten

„Zitate-Jagd"
BEISPIEL

**Thema „Nachkriegszeit"
im Fach Geschichte, Klasse 10:**

Suche in deinem Geschichtsbuch nach den Quellentexten
und bearbeite dazu die folgenden Aufgaben.

Zitat	Von wem und von wann stammt es?	Erkläre die Bedeutung und den geschichtlichen Zusammenhang.
„Das ist die Heimkehr dritter Klasse, ganz ohne Lorbeer und Hurra."	Erich Kästner 1947	Gedicht von 1947, er möchte das Elend der Heimkehrer aus der Kriegsgefangenschaft deutlich machen.
„Sie übernachten in Wartesälen, (...), und sie müssen Stolz und Scham in sich niederzwingen, wenn sie von Hof zu Hof gehen ..."	Bericht aus der „Stuttgarter Zeitung" 1946	Viele Menschen vor allem in den Städten müssen betteln gehen, was ihnen sehr peinlich ist, aber sie würden sonst verhungern. Sie unternehmen „Hamsterfahrten" aufs Land, um für sich und ihre Familie Nahrung zu beschaffen.
„Längs der russischen Front ist ein Vorhang niedergegangen."	Telegramm von Churchill an Truman 12.5.1945	Churchill befürchtet, dass Stalin die sowjetisch besetzten Gebiete und die, aus denen die Amerikaner sich zurückziehen, in das kommunistische Herrschafts- und Wirtschaftssystem einbeziehen wird.

(Zitate entnommen aus: „Entdecken und Verstehen" Band 4,
Cornelsen Verlag, Berlin 1999)

Inhalte erarbeiten

„Zitate-Jagd"

BEISPIEL

Thema „Schiller: Verbrecher aus verlorener Ehre"
im Fach Deutsch, Klasse 10:

Jede Gruppe bekommt einen Zitat-Streifen, sucht die Textstelle heraus und erklärt Bedeutung und Zusammenhang. Anhand dieser Zitate, die in die richtige Reihenfolge gebracht werden müssen, soll die Person Christian Wolf charakterisiert werden.

A „Auf dem höchsten Gipfel seiner Verschlimmerung war er dem Guten näher, als er vor seinem ersten Fehltritt gewesen war."

B „Es tat mir wohl, dass noch ein Geschöpf unter mir war im Rang der Lebendigen."

C „Ich betrat die Festung", sagte er, „als ein Verirrter und verließ sie als ein Lotterbube."

D „Sein ganzer Hass wandte sich jetzt von der Menschheit und kehrte seine schreckliche Schneide gegen ihn selber. Er vergab jetzt der ganzen Natur und fand niemand, als sich allein zu verfluchen."

E „Jetzt stand ich allein vor dem Abgrund, und ich wusste recht gut, dass ich allein war. (...) Ich sah in den Schlund hinab, der mich jetzt aufnehmen sollte."

Richtige Reihenfolge der Zitate nach der Reclam-Ausgabe von 1993:
C (S. 9) – B (S. 11/12) – E (S. 19) – D (S. 23) – A (S. 23)

Inhalte erarbeiten

„Bildkartei"

Einsatzmöglichkeiten:

- Informationen aus verschiedenen Arten von Bildern, Fotos, Gemälden, Schaubildern usw. erarbeiten,
- einen Überblick über ein Thema bekommen,
- sich ein Thema besser einprägen,
- zur Entwicklung von Ideen und Gedankengängen angeregt werden.

Sozialformen:

Einzel-, Partner-, Gruppenarbeit, Plenum

Beschreibung:

Die Bildkartei ist eine Bildfolge zu ausgewählten thematischen Schwerpunkten und besteht aus Bildern im DIN-A3-Format, zu denen Texte und Aufgaben ergänzt werden können. Sie ermöglicht vielfältige Arbeitsformen.

1. Ohne Worte werden die Bildposter langsam nacheinander vorgestellt, sodass die Teilnehmer einen Überblick über ein Thema erhalten. Daran kann sich Partner- oder Gruppenarbeit mit bestimmten Fragestellungen anschließen.

2. Auf 5–7 Tischen im Raum verteilt wird je ein Bildposter aufgestellt. Die Teilnehmer gehen herum und betrachten sich die Bilder, um sich nach einiger Zeit an den Tisch zu setzen, dessen Bild ihnen am ehesten zusagt. Sie unterhalten sich über ihr Bild und stellen es anschließend vor.

3. Analog zur Tonbildschau wird eine Einführung ins Thema vorgetragen, wobei die Bilder nacheinander als passende Illustrationen aufgestellt werden. Zum Schluss werden die Teilnehmer gebeten, sich eins der Bilder auszusuchen und den vorgetragenen Text sinngemäß zu wiederholen oder einen kurzen Text dazu zu verfassen.

Tipp: Zahlreiche weitere Arbeitsmöglichkeiten findet man in der „Bildkartei Baden-Württemberg", herausgegeben von Xaver Fiederle und der LpB BW.

Inhalte erarbeiten

„Bildkartei"

❋ Anmerkungen:

Für alle, die selbst solche Karteien erstellen wollen:
- Aus einem Tonkartonbogen der Größe 50 x 70 cm
  lassen sich zwei Bildposter herstellen (Größe jeweils 50 x 35 cm).
- Von der Fläche 50 x 35 cm stehen 35 x 35 cm für das Bild zur Verfügung,
  15 cm können eingeklappt und unten leicht angeschrägt werden,
  sodass sich das Poster aufstellen lässt.

In die seitliche Klappe können Informationen und Aufgaben
eingeklebt werden.

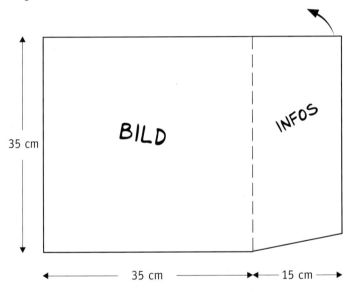

Geeignet sind jede Art von Bildern aus Schul- und Fachbüchern,
Zeitschriften und Zeitungen, die auf DIN-A3-Format hochkopiert
und aufgeklebt werden.

Material:

☐ Bildsammlungen zu thematischen Einheiten
  mit Texten, Schaubildern, Aufgaben

Inhalte erarbeiten

„Bildkartei"

BEISPIEL

▎Kartei zum Thema „Reformation"
▎aus dem Religions- oder Geschichtsunterricht:

▎Auswahl aus der Fotokartei Ethik
▎zum Thema „Lebensweg – Lebenssinn":

Inhalte erarbeiten

„Bilderrallye"

Einsatzmöglichkeiten:
- Informationen aus verschiedenen Arten von Bildern, Fotos, Gemälden, Schaubildern usw. erarbeiten,
- zur Entwicklung von Ideen und Gedankengängen angeregt werden.

Sozialformen:
Gruppenarbeit, Plenum

Vorüberlegung:
Verschiedene Arten von bildhaften Darstellungen zu einem Themenbereich können den Schulbüchern und ergänzenden Materialien entnommen werden. Von Vorteil ist es, wenn größere Formate zur Verfügung gestellt werden, d.h. die Bilder auf A3-Format vergrößert werden.

Beschreibung:
Die Bilder werden an mehreren Stellen im Raum ausgehängt. Die Teilnehmer betrachten in Gruppen die Bilder unter bestimmten Aufgabenstellungen und verschaffen sich so einen Überblick über das Thema. Nach einigen Minuten wechseln die Gruppen auf ein Zeichen hin zum nächsten Bild. Anschließend wird jeder Gruppe ein Bild zugeteilt. Es kann auch eine Nummer für die Zuteilung der Bilder gezogen werden. Jede Gruppe bearbeitet die Aufgaben zu ihrem Bild, strukturiert und präsentiert sie anschließend auf einer OHP-Folie oder einem Lernplakat (siehe auch das Kapitel „Präsentieren und Informieren", ab S. 98).

Anmerkung:
Wenn der erarbeitete Stoff für den weiteren Unterrichtsverlauf wichtig ist, können die Teilnehmer die Bilder in kleinerem Format ausgehändigt bekommen, sie in ihr Heft einkleben und die erarbeiteten Informationen ergänzen.

Material:
- ☐ Bilder, Grafiken u.a. zu thematischen Einheiten im DIN-A3-Format (siehe auch „Bildkartei", S. 41), ergänzend evtl. die gleichen Bilder in kleinerem Format für alle Teilnehmer

Inhalte erarbeiten

„Planspiel"

Einsatzmöglichkeiten:
- Grundlage für eine Auseinandersetzung mit einem Thema,
- sich mit aktuellen Ereignissen auseinander setzen,
- Erfahrungen sammeln in der Auseinandersetzung mit konträren Ansichten,
- eine eigene Meinung bilden.

Sozialformen:
Einzel-, Gruppenarbeit, Plenum

Beschreibung:
Denkbar sind zwei Vorgehensweisen:
1. Die Teilnehmer erhalten vorbereitetes Material, das die Standpunkte von verschiedenen Interessengruppen aufzeigt. Jede Gruppe erarbeitet sich hieraus einen eigenen Standpunkt für die Diskussionsrunde.
2. Die Teilnehmer müssen sich das Material für eine bestimmte Interessengruppe selbst beschaffen oder erstellen.

Anschließend wird das Planspiel als Diskussionsrunde, Parlamentsdebatte o.Ä. durchgeführt. Verdeutlicht werden die unterschiedlichen Vorstellungen der Beteiligten und ihre Fähigkeit, mit den Interessen anderer umzugehen. Wichtig ist die abschließende Auswertungsrunde.

Anmerkungen:
- Mit dem Planspiel kann ein komplexer Sachverhalt, z.B. der Bau eines Jugendhauses, Einrichtung eines Schulcafés u.a., verdeutlicht und erfahrbar gemacht werden. Durch die verschiedenen Interessen und Standpunkte werden die Teilnehmer angeregt, sich eine eigene Meinung zu bilden.
- Auf diese Weise können Probleme aus verschiedenen Perspektiven erarbeitet werden. Die Komplexität vieler Probleme wird deutlich und fördert das Verständnis füreinander.

Material:
☐ Informationsmaterialien aus Zeitungen, Büchern, Internet
(Tipp: Die Bundeszentrale für politische Bildung bietet kostenlose Materialien zu vielen relevanten Themen an.)

Inhalte erarbeiten
„Bild-Text-Puzzle"

Einsatzmöglichkeiten:
- Inhalte erarbeiten bei allen Themen, wo Bild und Text eine gute Ergänzung bieten,
- Bild als Aufhänger für das Einprägen von Informationen,
- zur Entwicklung von Ideen und Gedankengängen angeregt werden,
- Bilder und Texte als Teil eines Stationenlernens.

Sozialformen:
Gruppenarbeit, Plenum

Beschreibung:
Die Teilnehmer bilden einen Sitzkreis.
Auf dem Boden werden Bilder zu einem Thema ausgelegt.
Zu den Bildern gehören Informationstexte, die an der Tafel oder Pinnwand hängen.
Aufgaben:
- Die Bilder sind in eine sinnvolle Reihenfolge zu bringen. Das Ergebnis wird vorgestellt und begründet, evtl. mit Hilfe des Buches korrigiert.
- In einem zweiten Schritt werden die Texte den Bildern zugeordnet.
- In Partner- oder Gruppenarbeit werden Text und Bild bearbeitet. Eine Präsentation wird vorbereitet und anschließend im Plenum vorgestellt.

Anmerkungen:
- Bilder prägen sich bei den meisten gut ein.
- Viele Schulbücher enthalten geeignetes Bildmaterial.
- Von Vorteil ist es, wenn größere Formate zur Verfügung stehen. Die kann man sich leicht selbst herstellen (siehe „Bildkartei", S. 41).

Material:
☐ Bildsammlungen zu thematischen Einheiten mit entsprechenden Informationstexten aus Schulbüchern und anderer Fachliteratur

Inhalte erarbeiten

„Bild-Text-Puzzle"

BEISPIEL

Bild-Text-Puzzle zum Thema „Zweiter Weltkrieg":
Die Bilder und Texte entstammen der selbst erstellten Bildkartei zum Geschichtsunterricht und wurden mit Hilfe von Tonkarton und Vergrößerungen hergestellt (siehe unter „Bildkartei", S. 41).

- Zu jedem Bild gehört eine Bildunterschrift, die von den Schülern zuzuordnen ist.
- Für jedes Bild wird der passende Text ausgewählt.
- Die Bilder werden in die richtige Reihenfolge gebracht.
- Allein, zu zweit oder zu dritt wird über das Bild und den Text referiert.

Inhalte erarbeiten

„Strukturbild"

 Einsatzmöglichkeiten:
- Inhalte erarbeiten in allen Fächern,
- Informationen strukturieren.

 Sozialform:
Einzelarbeit

 Beschreibung:
In die Mitte eines DIN-A4-Blattes wird das Thema geschrieben, das bearbeitet werden soll. Von dieser Mitte aus zweigen Äste mit den Hauptgedanken zum Thema zu den verschiedenen Seiten ab. Diese Äste verzweigen sich weiter und schaffen dadurch neue Untergliederungen.
So entsteht die klar erkennbare Struktur eines Themas.
Durch unterschiedliche Farben für die Hauptäste, u.U. auch durch Bilder oder Symbole, kann sie noch deutlicher herausgestellt werden.

Anmerkungen:
- Das Strukturbild ist eine Darstellungsweise, die der Arbeitsweise des menschlichen Gehirns entspricht. Der rechten Gehirnhälfte sind Farben, Symbole, Bilder zugeordnet, der linken Gehirnhälfte das Strukturieren.
- Von Vorteil ist, dass jederzeit neue Aspekte ergänzt werden können, schneller und kreativer als bei herkömmlichen Methoden.
- Es gibt viele verschiedene Arten Strukturbilder zu gestalten. Jeder wird mit der Zeit seine eigene Art entwickeln.

Material:
☐ DIN-A4-Blätter, bei umfangreicheren Themen auch in DIN-A3-Format
☐ Stifte in verschiedenen Farben
☐ evtl. passende Bilder bzw. Symbole

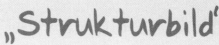

Inhalte erarbeiten

„Strukturbild"

BEISPIEL

Ein Strukturbild im Fach Deutsch:
Hier wird die Charakterisierung einer Person vorbereitet.
Weitere Aspekte können problemlos ergänzt werden.

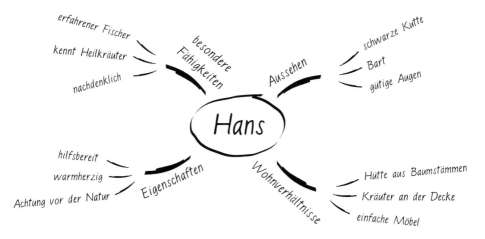

Beispiel zum Thema „Textbeschreibung" im Fach Deutsch:
Das Strukturbild wurde von Schülern in großer Schrift auf farbige Karten geschrieben, auf Packpapier aufgeklebt und an die Wand gehängt, damit sich die Arbeitsschritte besser einprägen.

BEISPIEL

Inhalte erarbeiten

„Stationenlernen"

Einsatzmöglichkeiten:
- neue Inhalte selbstständig erarbeiten,
- Üben und Vertiefen von Unterrichtsstoff.

Sozialform:
Gruppenarbeit

Beschreibung:
An mehreren Gruppentischen im Raum werden Lernstationen eingerichtet. An jeder Station befindet sich das Arbeitsmaterial mit genauen Arbeitsaufgaben und eine Karte mit Namen oder Nummer der Station. Auf einem Plakat oder auf einer OHP-Folie wird ein Übersichtsplan gezeigt. Die Teilnehmer bearbeiten in Kleingruppen die gestellten Aufgaben und wechseln anschließend zu einer freien Station.
Die Bearbeitungszeit für die Aufgaben sollte aufeinander abgestimmt sein.
Es sollte mehr Stationen als Gruppen geben, damit alle beschäftigt sind.

Anmerkungen:
- Wichtig ist, dass das Material dem Leistungsvermögen der Teilnehmer entspricht, in begrenzter Zeit bearbeitet werden kann und alle Sinne einbezieht.
- Es ist möglich, mit einem Laufzettel zu arbeiten, an den Stationen Arbeitsblätter auszulegen oder einen Hefteintrag erstellen zu lassen. Die Kontrollbögen können sich beim Lehrer befinden.
- Eine Bewegungs- und eine Verpflegungsstation können integriert sein, die bei den Teilnehmern besonders beliebt sind.
Zur Abwechslung werden Preise statt Noten vergeben.

Material:
- ☐ Gruppentische mit Arbeitsmaterial für die Stationen
- ☐ evtl. Arbeitsblätter
- ☐ Karten mit Name oder Nummer der Station
- ☐ Kontrollbögen
- ☐ Plakat oder Folie mit Übersichtsplan

Inhalte erarbeiten

„Stationenlernen"

BEISPIEL

Das folgende Strukturbild soll in knapper und übersichtlicher Form verdeutlichen, was beim Stationenlernen zu bedenken ist:

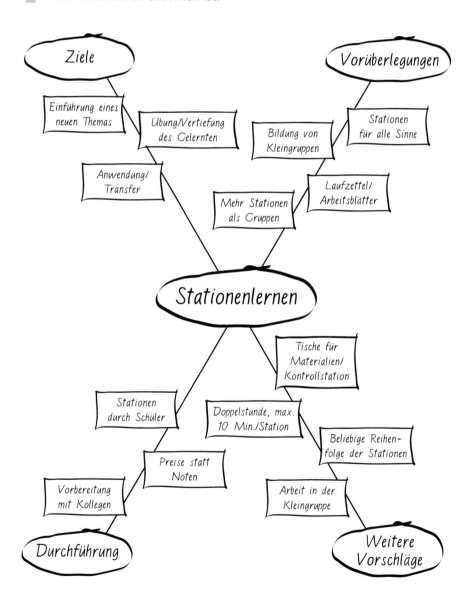

Inhalte erarbeiten

„Gruppenpuzzle"

Einsatzmöglichkeiten:
- Inhalte selbstständig erarbeiten mit Hilfe von Bildern, Texten, Modellen usw.,
- Üben und Vertiefen von Unterrichtsstoff.

Sozialform:
Gruppenarbeit

Beschreibung:
Die Teilnehmer werden in Stammgruppen von vier bis sieben Mitgliedern aufgeteilt. Die Zahl der Gruppenmitglieder richtet sich nach der Zahl der Teilbereiche, in die ein Thema untergliedert ist. In jeder Stammgruppe muss sich jeder für einen der vorgegebenen Teilbereiche entscheiden, für den er Experte werden will. Jeder Teilbereich muss besetzt werden. Anschließend bilden alle zukünftigen Experten mit jeweils dem gleichen Teilbereich die Expertengruppen und erarbeiten ihr Spezialgebiet. Danach kehren sie in ihre jeweiligen Stammgruppen zurück und informieren die übrigen Teilnehmer über ihren Teilbereich, sodass anschließend alle Mitglieder der Stammgruppe über die Teilthemen Bescheid wissen.

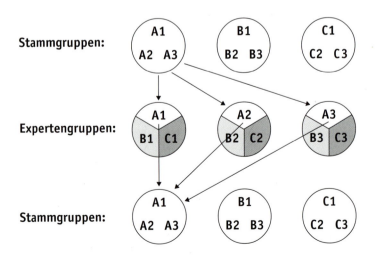

Inhalte erarbeiten

„Gruppenpuzzle"

BEISPIEL

Gruppenpuzzle zum Thema Ägypten im Fach Geschichte, Klasse 7:
Die folgenden Anweisungen werden auf Folie Schritt für Schritt über den OHP gezeigt. Ein Nachfragen durch die Schüler erübrigt sich, weil die Aufgaben sichtbar bleiben.
Die Grafik zeigt die Aufteilung bei 25 Schülern. Wenn es mehr sind, können Positionen, z.B. A1, doppelt besetzt werden.

Gruppenpuzzle

1. Ihr trefft euch in der Stammgruppe, d.h. nach Farbe (und Buchstabe). Das ist die Gruppe, für deren Wissen ihr nachher verantwortlich seid.

2. Nun geht ihr in die Expertengruppen, d.h. nach Zahl, die auf der Karte steht, und arbeitet an dem Thema, das ihr bekommen habt:

   Gruppe 1: Der Nil und die Menschen
   Gruppe 2: Zusammenarbeit und Vorratshaltung
   Gruppe 3: Die Entwicklung der Schrift
   Gruppe 4: Frau und Familie
   Gruppe 5: Pyramiden

   Ihr habt 20 Minuten Zeit den Text zu lesen und euch gegenseitig zu erklären.
   Wählt einen Zeitwächter, der euch ab und zu ermahnt.

3. Anschließend geht ihr in eure Stammgruppe zurück und wählt einen Zeitwächter.

   Ihr erklärt euren Gruppenpartnern das Thema, das ihr in der Expertengruppe erarbeitet habt.
   Dazu hat jeder drei Minuten Zeit.

   Die anderen müssen nachfragen, wenn sie etwas nicht verstanden haben.

4. Jede Gruppe erstellt einen kurzen Bericht über die Informationen, die sie bekommen hat.

Zum Abschluss erhalten die Schüler ein Arbeitsblatt mit Aufgaben zu den Themen, die in den Gruppen erarbeitet und besprochen werden.

Inhalte erarbeiten

„Gruppenpuzzle"

Beim Beispiel „Ära Adenauer" im Fach Geschichte sind für die Experten folgende Teilbereiche denkbar:
Das Thema **Wiederbewaffnung** wird von Expertengruppe 1 bearbeitet, **Außenpolitik** von Gruppe 2, **Wirtschaftswunder** von Gruppe 3.

Anmerkungen:

- Der Lernstoff muss sich in Teilgebiete aufteilen lassen, die in annähernd der gleichen Zeit zu bewältigen sind.
  (Zum Beispiel kann man das Thema „Ära Adenauer"
  im Fach Geschichte in die folgenden Teilbereiche aufteilen:
  Gruppe 1: Wiederbewaffnung; Gruppe 2: Außenpolitik;
  Gruppe 3: Wirtschaftswunder.)
- Jeder ist für einen Teil des Lernzuwachses der anderen verantwortlich und als Vermittler von Wissen gefordert.
- Folgende Varianten sind möglich:
  1. In jeder Stammgruppe übernehmen jeweils zwei Teilnehmer das gleiche Spezialgebiet, sodass sie zu zweit die Gruppe informieren können.
  2. Eine Großgruppe von 30 Teilnehmern wird in zwei Gruppen mit je 15 eingeteilt. In beiden Gruppen werden die gleichen Themen ausgegeben, sodass es zu einer geringeren Anzahl von Themen pro Gruppe kommt. Da es nun zu jedem Thema zwei Expertengruppen gibt, können diese u.U. anschließend in einen Wettbewerb, z.B. in ein Quiz, einsteigen.

Material:

☐ In gleichwertige Teilgebiete aufgeteilter Lernstoff
  (nicht zu umfangreich und dem Leistungsvermögen
  der Teilnehmer angepasst).

Inhalte erarbeiten

„Gruppenpuzzle"

BEISPIEL

**Für eine Gruppenpuzzle-Arbeit zum Thema „Ära Adenauer",
Teilbereich „Flucht ins Privatleben":**

Die Bilder sollen einen Eindruck vom Privatleben in den 50ern vermitteln.
Dazu können Schüler erläuternde Texte schreiben bzw. die anderen
ihrer Stammgruppe Details entdecken lassen (zu denen sich die Experten
vorher das notwendige Hintergrundwissen angelesen haben sollten).

Flucht ins Privatleben

Heirat war das vorrangige Ziel junger Frauen in den 50er-Jahren. Häufig war die Ehe die einzige Möglichkeit, das Elternhaus verlassen zu können. Durch den vom Krieg verursachten Frauenüberschuss wurden Männer zu heißbegehrten Objekten, die sich in Ruhe die passende Ehefrau aussuchen konnten.

ÜBEN UND VERTIEFEN 3

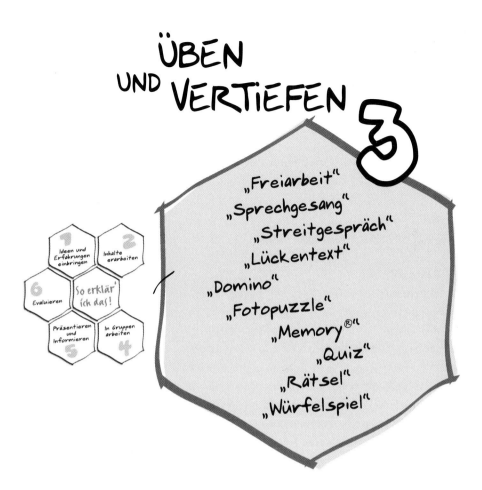

„Freiarbeit"
„Sprechgesang"
„Streitgespräch"
„Lückentext"
„Domino"
„Fotopuzzle"
„Memory®"
„Quiz"
„Rätsel"
„Würfelspiel"

Zweifellos ist das Üben und Vertiefen eines gelernten Stoffes besonders wichtig. Auch wenn die Unterrichtszeit dafür oft zu knapp ist, lohnt es sich, die Schüler an Übungsformen arbeiten zu lassen, die ihnen Spaß machen.

Im folgenden Teil werden eine Reihe von Tipps zur Herstellung von Spielen gegeben. Dazu ist es notwendig, sich intensiv mit dem Lernstoff zu befassen und ihn verstanden zu haben. Gerade dann macht es Spaß, sich z.B. Rätsel und Quizfragen zu überlegen und Spiele herzustellen, die von anderen ausprobiert werden können.

Außerdem werden weitere Arbeitsmöglichkeiten zu dieser Phase vorgestellt. **Wichtig: Alle Präsentationsmethoden** dienen dem Üben und Vertiefen eines Themas, weil sie die intensive Auseinandersetzung mit dem Stoff voraussetzen und eine klare Strukturierung verlangen.

3 Üben und Vertiefen

„Freiarbeit"

Einsatzmöglichkeiten:
- Üben und Vertiefen von bereits erarbeiteten Themen in allen Fächern,
- Erarbeiten von neuen Themen, wenn das Material leicht erfassbar ist.

Sozialformen:
Einzel-, Partner-, evtl. Kleingruppenarbeit

Beschreibung:
Das Freiarbeitsmaterial befindet sich gut zugänglich in einem Schrank oder Regal und wird den Teilnehmern vorgestellt. Die Teilnehmer wählen selbst aus, was sie bearbeiten wollen. Sie arbeiten allein oder mit einem Partner, in Ausnahmefällen auch in Kleingruppen.
Sie erstellen einen Arbeits- und Zeitplan und beachten die vorher festgelegten Verhaltensregeln. Zwei wichtige Regeln sind z.B.:
- Es wird bei der Arbeit nur leise gesprochen.
- Das Material wird nach Abschluss der Arbeit ordentlich weggeräumt.

Die Ergebnisse werden von jedem Teilnehmer mit Hilfe der Kontrollbögen überprüft und in einem Freiarbeitsordner gesammelt. Diese Ordner werden regelmäßig vom Lehrer korrigiert.

Anmerkungen:
- Bei der Herstellung des Materials muss darauf geachtet werden, dass die Aufgaben in der entsprechenden Altersstufe zu lösen sind. Besonders wichtig ist eine verständliche Aufgabenstellung. Das Material sollte möglichst viele Sinne ansprechen.
- Gewöhnlich führt ein Lehrer nur in den eigenen Fächern und Stunden Freiarbeit durch, sinnvoller ist es allerdings, dass jedes Fach entsprechend seinem Umfang Stunden einbringt. Dazu ist eine genaue Absprache erforderlich.

Material:
☐ Material für verschiedene Fächer, das inzwischen auch von Verlagen bezogen werden kann
☐ Freiarbeitsordner und Kontrollblätter mit den Ergebnissen

Üben und Vertiefen

„Freiarbeit"
BEISPIEL

Laufzettel zur Freiarbeit im Fach Deutsch,
8. Klasse, Thema „Rechtschreibung":

Laufzettel

Name:

Das Material umfasst:

✗ 6 Diktate als   Laufdiktate
                   Schnippeldiktate
                   Kassettendiktate

✗ 12 Trainingsblätter und Übungen zu Rechtschreibung, Zeichensetzung und Grammatik

✗ 6 Kartons mit verschiedenen Aufgaben

Du musst mindestens bearbeiten:

✗ **4 Diktate**, davon je 1   Laufdiktat   ☐
                      Schnippeldiktat   ☐
                      Kassettendiktat   ☐
               Ein weiteres Diktat nach Wahl: ☐

✗ je 2, also insgesamt **8 Trainingsblätter** aus:

Ib) ☐   IIa) ☐   IIc) ☐
IIIa) ☐   IVa) ☐   IVb) ☐
Va) ☐   Vb) ☐   Vc) ☐
VIa) ☐   VIb) ☐   VIc) ☐

Die bearbeiteten Trainingsblätter bitte ankreuzen!

✗ **3 Trainingsaufgaben** aus den Kartons:
Bearbeitet: ..., ..., ...

60 Methoden für produktive Arbeit in der Klasse
© Verlag an der Ruhr, Postfach 10 22 51, 45472 Mülheim an der Ruhr, www.verlagruhr.de

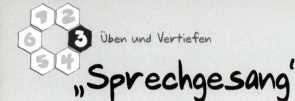

Üben und Vertiefen
„Sprechgesang"

Einsatzmöglichkeiten:
- Üben und Vertiefen von abfragbarem Wissen, bei dem kurze Antworten möglich sind,
- Frage-Antwort-Spiel zwischen Lehrer und Schülern oder nur zwischen Schülern.

Sozialform:

Plenum

Beschreibung:

Zu einem Thema werden 10–20 Fragen entwickelt und aufgeschrieben.
Die Fragen müssen so gestellt werden, dass sie von den Teilnehmern
kurz und knapp beantwortet werden können.
Die richtigen Antworten werden eingeübt.
Bei falschen Antworten wird korrigiert oder der Stoff noch einmal erklärt.
Die Teilnehmer antworten einzeln oder im Chor.
Jede Frage wird mehrfach wiederholt. Es wird so lange geübt,
bis alle in der Lage sind, die richtigen Antworten zu geben.

Anmerkungen:
- Diese Methode macht den Teilnehmern Spaß, weil sie das Gefühl haben, spielerisch etwas zu lernen.
- Bei Antworten im Chor kann man dabei auch durch das Klassenzimmer gehen.

Material:

☐ Unterlagen zu der Unterrichtseinheit und vorbereitete Fragen

Üben und Vertiefen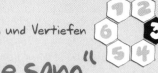

„Sprechgesang"
BEISPIEL

Hier ein paar einfache Beispiele ...

... für Erdkunde:

Länder und Hauptstädte

Fragen	Antworten
Norwegen	Oslo
Griechenland	Athen
Italien	Rom
etc.	

... für Deutsch:

Konjugationen

Fragen	Antworten
Perfekt	ich habe gedacht
Präsens	ich denke
Futur I	ich werde denken
etc.	

... viele weitere Beispiele können ergänzt werden.

60 Methoden für produktive Arbeit in der Klasse — So erklär' ich das!

Üben und Vertiefen

„Streitgespräch"

Einsatzmöglichkeiten:
- Üben und Vertiefen von Themen, die kontrovers diskutiert werden können,
- gesellschaftswissenschaftliche Fächer, Deutsch, Fremdsprachen.

Sozialformen:
Einzel-, Partnerarbeit, Plenum

Beschreibung:
Im ersten Schritt arbeiten sich die Teilnehmer in den Themenbereich ein, um mit dem Problem vertraut zu werden. Es werden durch Los oder nach Neigung zwei Gruppen gebildet (Pro und Contra). Der eigene Standpunkt muss stichhaltig begründet werden. Dabei müssen auch evtl. Argumente der Gegner überlegt werden.
Außerdem können ein oder zwei Personen ausgewählt werden, die das Streitgespräch moderieren. Sie notieren sich die wichtigsten Schritte für ihr Vorgehen. In einem weiteren Schritt wird in jeder Gruppe geklärt, wer als Gruppensprecher die Diskussion führen soll und wer ihn dabei unterstützen kann.
Anschließend wird eine Sitzordnung gewählt, bei der vorne die Moderatoren und die streitenden Parteien sitzen, die übrigen Teilnehmer weiter hinten als Zuhörer und Beobachter. Die Moderatoren eröffnen und begleiten das Gespräch, das mit einem einführenden Kurzvortrag der Kontrahenten beginnt. Rede und Gegenrede schließen sich an.
Zum Abschluss führen die Moderatoren mit dem Publikum eine Bewertung durch, indem überlegt wird, was besonders gelungen bzw. was weniger überzeugend war.

Anmerkung:
Zu Beginn kann das Publikum nach seiner Meinung gefragt werden. Das Ergebnis wird festgehalten. Die Befragung wird zum Schluss wiederholt und das Ergebnis diskutiert.

Material:
☐ Texte, Bilder etc. zur Problematik

Üben und Vertiefen

„Lückentext"

Einsatzmöglichkeiten:
- Üben und Vertiefen von bereits erarbeiteten Themen in allen Fächern,
- Schüler haben ein Thema vorgestellt: Überprüfung des Kenntnisstandes der Mitschüler.

Sozialformen:
Einzel-, Partner-, evtl. auch Gruppenarbeit

Beschreibung:
Zu einem Thema wird ein zusammenhängender Text geschrieben, der alle wichtigen Informationen enthält. Dieses Blatt dient hinterher als Kontrollblatt. Anschließend wird überlegt, an welchen Stellen Begriffe ausgelassen und durch Linien zum Eintragen ersetzt werden können. Dann wird dieser Lückentext von der Gruppe ausprobiert, um zu prüfen, ob die Eintragungen zu leisten sind. Der Text wird mit Hand oder dem Computer ins Reine geschrieben und für die Teilnehmer kopiert.

Anmerkungen:
- Die Erstellung macht viel Spaß, und es ist spannend und motivierend zu sehen, ob die anderen Teilnehmer die richtigen Lösungen finden.
- Das Eintragen wird erleichtert, wenn die richtigen Lösungswörter in alphabetischer Reihenfolge unter den Text geschrieben werden. (Allerdings wird es dann manchmal auch zu einfach.)

Material:
☐ Unterlagen zum Thema
☐ Blätter und Stifte
☐ evtl. Computer
☐ Kopien des Lückentextes für alle Teilnehmer

3 Üben und Vertiefen

„Lückentext"

BEISPIEL

Lückentext zum Thema „Deutsch-deutsche Beziehungen" in den 70ern:

Die **Deutsch-deutschen Beziehungen**

Willy Brandt war der _____ der ____, der sich um gute _____ bemühte.

19__: Das erste Treffen von Willy Brandt und Willy Stoph, dem Vorsitzenden des Ministerrates der ___ in _____.

Der _____-vertrag von 19__ wurde mit dem Ziel von gutnachbarlichen Beziehungen unterschrieben. Der unterschriebene Vertrag enthält u.a. den „Verkehrs_____."

Erkläre kurz diese Karikatur!
_____
_____
_____
_____

Beziehungen   Erfurt   70
DDR   Grundlagen   BRD
72   vertrag   Bundeskanzler

Üben und Vertiefen

„Domino"

Einsatzmöglichkeiten:
- Üben und Vertiefen von bereits erarbeiteten Themen in allen Fächern,
- Erstellung von Lernspielen für andere Gruppen oder Klassen.

Sozialformen:
Einzel-, Partner-, evtl. auch Gruppenarbeit

Beschreibung:
Zu einem Thema werden Fragen und Antworten entwickelt.
Dazu werden ca. 20 Kärtchen verwendet, die wie Dominosteine doppelt
so lang wie breit sind. Auf die eine (rechte) Seite werden die Fragen
geschrieben, auf die andere (linke) Seite jeweils die Antwort
der vorhergehenden Frage. (D.h. bei der ersten Karte bleibt die linke Hälfte
unbeschriftet, man kann aber auch „Start" dorthin schreiben.)
Es schließt sich also immer eine Karte mit der passenden Antwort an,
bis alle Karten verwendet wurden.

Anmerkungen:
- Das Erstellen eines Dominos oder einer vergleichbaren Form setzt voraus, dass das Thema erarbeitet und verstanden wurde. Bei dieser Form muss akzeptiert werden, dass sich die Antworten auf Begriffe oder kurze Sätze reduzieren.
- Die Erstellung und das Ausprobieren machen viel Spaß. Besonders spannend ist, wenn das Domino von einer anderen Gruppe ausprobiert wird.
- Komplizierter wird das Spiel, wenn auch seitlich angelegt werden kann.

Material:
☐ Unterlagen zu der Unterrichtseinheit
☐ evtl. fertig vorgeschnittene Kärtchen
☐ verschiedenfarbige Stifte

Üben und Vertiefen
„Fotopuzzle"

Einsatzmöglichkeiten:
- Üben und Vertiefen von bereits erarbeiteten Themen in allen Fächern,
- Erstellung von Lernspielen für andere Gruppen oder Klassen.

Sozialformen:
Einzel-, Partner-, evtl. auch Gruppenarbeit

Beschreibung:
Ein Bild in der Größe von ca. 35 x 35 cm, das auf der Rückseite weiß bzw. gut zu beschriften ist, wird in ca. 5 x 5 gleich große Quadrate mit den Maßen ca. 7 x 7 cm aufgeteilt. Dieser Raster wird auf die Rückseite gezeichnet. Das Zerschneiden in die 25 Einzelquadrate erfolgt erst, wenn alle Kärtchen fertig beschriftet, beklebt oder gestaltet sind.
Beim **Fließpuzzle** werden eine chronologische Abfolge, der Verlauf von Ereignissen oder Zusammenhänge auf Kärtchen dargestellt. Dabei können auch Bilder eingefügt werden. Durch einen Pfeil auf dem Kärtchen wird angezeigt, in welcher Richtung die nächste Karte anzulegen ist.
Beim **Frage-Antwort-Puzzle** werden Fragen und Antworten entwickelt. Sie werden auf den Kärtchen so platziert, dass an den aneinanderstoßenden Kanten auf der einen Seite die Frage und auf der sich anschließenden Karte die passende Antwort steht. Zum Schluss werden die Teile ausgeschnitten und gemischt.

Anmerkungen:
- Da die Kanten mehr Platz zum Schreiben bieten als beispielsweise das Domino, haben statt Stichwörtern auch etwas kompliziertere Fragen und umfangreichere Antworten Platz.
- Nach fertig gelegtem Puzzle wird dieses umgedreht. Wenn alle Kärtchen richtig gelegt sind, ergibt sich das Ausgangsbild.

Material:
☐ Unterlagen zum Thema
☐ Kalenderblätter oder Bilder, ca. 35 x 35 cm
☐ Schere oder Schneidegerät
☐ Stifte

Üben und Vertiefen

„Fotopuzzle"

BEISPIEL

Ein von Schülern der 10. Klasse erstelltes Fließpuzzle zum Thema „Wiedervereinigung":

Die Pfeile zeigen an, wo das nächste Kärtchen anzulegen ist.
Die Kontrolle ergibt sich durch das Umdrehen der Kärtchen.
Die Rückseite muss das Foto ergeben.

Üben und Vertiefen

„Memory®"

Einsatzmöglichkeiten:
- Üben und Vertiefen von bereits erarbeiteten Themen in allen Fächern,
- Erstellung von Lernspielen für andere Gruppen oder Klassen.

Sozialformen:
Einzel-, Partner-, evtl. auch Gruppenarbeit

Beschreibung:
Zu einem Thema werden Bilder (Grafiken, Symbole u.a.m.) und dazugehörende kurze Texte herausgesucht, die jeweils auf Kärtchen geschrieben, geklebt oder gescannt werden. Jeweils ein Bild- und ein Textkärtchen gehören zusammen. Das Spiel kann nach folgenden (altbekannten) Regeln gespielt werden:
- Zuerst werden alle Karten gemischt und mit der Rückseite nach oben ausgelegt. Wer zuerst an der Reihe ist, deckt zwei Karten auf und lässt sie aufgedeckt liegen.
  Wenn sie zusammenpassen, darf die Person noch einmal Karten aufdecken, sonst ist die nächste Person an der Reihe.
- Wer zum Schluss die meisten zusammengehörenden Karten gefunden hat, hat das Spiel gewonnen.

Anmerkungen:
- Die Herstellung eines Memorys® erfordert die intensive Beschäftigung mit dem Thema. Deshalb ist die Erstellung des Spiels eine optimale Vertiefung des Erlernten.
- Die Zuordnung von Bild und Text muss bei diesem Spiel eindeutig sein, da es sonst Auseinandersetzungen geben kann. Es sollten höchstens 40 Kärtchen, d.h. je 20 Bild- und 20 Textkärtchen, im Spiel sein.

Material:
☐ Memorykärtchen im Format ca. 7 x 7 cm, die beschriftet oder beklebt werden, oder Kärtchen, die am Computer gestaltet und dann geschnitten werden
☐ Bilder und passende Texte

Memory® ist eine eingetragene Marke der Ravensburger AG.

Üben und Vertiefen

„Memory®"

BEISPIEL

Memory® aus dem Erdkundeunterricht einer 5. Klasse:
Beispielkärtchen aus dem Memory®: „Berühmte Bauwerke"

In Gruppenarbeit wurden Bilder und passende Texte ausgesucht.
Davon wurden 20 Kartenpaare ausgewählt und entsprechend gestaltet.
Das Memory® wurde auf dünnem Karton in acht verschiedenen Farben kopiert
und zurechtgeschnitten. So können maximal acht Gruppen gleichzeitig spielen.
Wenn das Thema bei der nächsten Klasse anders behandelt wird, können
Karten ergänzt bzw. weggelassen werden.

Memory® ist eine eingetragene
Marke der Ravensburger AG.

60 Methoden für produktive Arbeit in der Klasse
© Verlag an der Ruhr, Postfach 10 22 51, 45422 Mülheim an der Ruhr, www.verlagruhr.de

3 Üben und Vertiefen
„Quiz"

Einsatzmöglichkeiten:
- Üben und Vertiefen von bereits erarbeiteten Themen in allen Fächern,
- Erstellung von Lernspielen für andere Gruppen oder Klassen.

Sozialformen:
Einzel-, Partner-, evtl. auch Gruppenarbeit

Beschreibung:
Zu einem Thema werden Fragen und Antworten entwickelt. Die Teilnehmer haben die Aufgabe, zuerst in Einzelarbeit jeder für sich zehn Fragen und die dazu passenden Antworten zu notieren.
Im nächsten Schritt gehen sie in Gruppen von vier bis sechs Personen zusammen, vergleichen ihre Fragen und einigen sich auf die zehn wichtigsten. In einem weiteren Schritt wird die gesamte Gruppe in zwei Parteien aufgeteilt, von denen sich jede auf die zehn wichtigsten Fragen für das Quiz einigen muss. Die Parteien stellen sich nun gegenseitig die Quizfragen. Bei richtiger Antwort bekommt die Gruppe zwei Punkte, bei teilweise richtiger Antwort einen Punkt, bei falscher Antwort keine Punkte.
Sieger ist die Gruppe mit den meisten Punkten.

Anmerkungen:
- Die Zusammenstellung und der Wettbewerbscharakter machen das Spiel interessant.
- Beste Vertiefung des Gelernten ist die Formulierung der Fragen und Antworten.

Material:
☐ Unterlagen zu der Unterrichtseinheit
☐ evtl. fertig vorgeschnittene Kärtchen für die Quizfragen
☐ verschiedenfarbige Stifte
☐ Tabelle für die Ergebnisse

Üben und Vertiefen

„Rätsel"

Einsatzmöglichkeiten:
- Üben und Vertiefen von bereits erarbeiteten Themen in allen Fächern,
- Erstellung von Lernspielen für andere Gruppen oder Klassen.

Sozialformen:
Einzel-, Partner-, evtl. auch Gruppenarbeit

Beschreibung:
Zu einem Thema werden Fragen und Antworten entwickelt. Dazu wird z.B. die Form eines Kreuzwort- oder Silbenrätsels gewählt, bei dem alle Fragen richtig beantwortet werden sollen und ein Lösungswort herauskommt.
Für das Kreuzworträtsel kann man ein Schema vorgeben, das entweder noch selbst gestaltet werden muss oder bei dem schon einige schwarze Felder oder eine bestimmte Form vorgegeben sind. Die Nummern sind selbst einzutragen, waagerechte und senkrechte Eintragungen müssen bedacht werden.

Anmerkungen:
- Statt eines Kreuzworträtsels kann auch ein Silbenrätsel erstellt werden. Hier besteht die Schwierigkeit darin, Wörter in Silben zu zerlegen und diese alphabetisch anzuordnen.
- Ein Nachteil beider Rätselarten ist, dass nur Begriffe abgefragt werden und nicht Zusammenhänge. Voraussetzung für die Herstellung eines Rätsels ist allerdings, dass das Thema erarbeitet und verstanden wurde (darin liegt die eigentliche Übung und Vertiefung).
- Die Erstellung macht viel Spaß. Es ist spannend zu beobachten, ob die anderen Teilnehmer das Rätsel tatsächlich lösen können.

Material:
- ☐ Unterlagen zu der Unterrichtseinheit
- ☐ evtl. die Rätselvorlage, die aber auch in Eigenarbeit mit dem Computer erstellt werden kann
- ☐ Stifte
- ☐ Kopien des Rätsels in der Zahl der Teilnehmer

BEISPIEL

Silbenrätsel zum Thema „Ludwigsburger Schloss":

Löse mit Hilfe des Textes das folgende Silbenrätsel. Die Buchstaben, die das Lösungswort ergeben, sind unterstrichen. Auf der rechten Seite steht, an welcher Stelle sie im Lösungswort einzusetzen sind.

Silben: A – BA – BER – DENZ – E – FRI – HARD – JE – KA – LAN – LEN – LUD – ME – MER – NI – NISCH – ONS – PEL – POR – PRÄ – RÄU – RE – RE – ROCK – SCHLOSS – SEN – SI – SO – SOM – TA – TER – THE – TI – WIG – ZEL

Lösungen:
1. JENISCH
2. SOMMERRESIDENZ
3. EBERHARD LUDWIG
4. BAROCK
5. SCHLOSSKAPELLEN
6. THEATER
7. REPRÄSENTATIONSRÄUME
8. PORZELLAN
9. FRISONI

Lösungswort: HOEFISCHE KUNST

1. erster Architekt des Schlosses
   ☐☐☐☐☐☐[7][1]

2. zeitweise war das Schloss ...
   ☐[2]☐☐☐☐☐☐☐☐☐☐☐☐

3. ... hat das Schloss erbauen lassen
   ☐☐☐☐☐☐☐☐ ☐☐[11]☐☐[5]☐

4. Stilrichtung des Schlosses
   ☐☐☐☐☐[10]

5. davon gibt es im Schloss zwei
   ☐☐☐☐[6]☐☐☐☐☐☐

6. wichtig für Aufführungen
   ☐[8]☐☐[9]☐☐

7. Räume für Empfänge
   ☐☐☐☐☐[12]☐[14]☐☐☐☐☐☐☐

8. berühmte Sammlung
   ☐☐☐☐[3]☐☐☐

9. wichtiger Architekt
   [4]☐☐[13]☐☐☐

Lösungswort: ☐☐☐☐☐☐☐☐☐ ☐☐☐☐☐

Üben und Vertiefen

„Rätsel"

BEISPIEL

Kreuzworträtsel zum Thema „Vom Mittelalter zur Neuzeit":
1. Schiffe fuhren nur entlang der …
2. Man entdeckte, dass die … der Mittelpunkt des neuen Weltbildes war.
3. Das neue Weltbild bedeutete das Ende vom …
4. Fahrten über das Meer führten zu …
5. Beim alten Weltbild stand die Erde im …
6. Nach dem alten Weltbild befand sich am Rand der Meere ein …
7. Erfindungen und Entdeckungen kennzeichneten den Beginn der …
8. Im Mittelalter glaubte man, die Erde habe die Form einer …

Wende vom Mittelalter zur Neuzeit

Lösungswort:

60 Methoden für produktive Arbeit in der Klasse

Üben und Vertiefen

„Würfelspiel"

Einsatzmöglichkeiten:
- Üben und Vertiefen von bereits erarbeiteten Themen in allen Fächern,
- Erstellung von Lernspielen für andere Gruppen oder Klassen.

Sozialformen:
Einzel-, Partner-, evtl. auch Gruppenarbeit

Beschreibung:
Aufgabe ist es, einen Spielplan für ein Würfelspiel zu entwickeln mit Start und Ziel und den entsprechenden Kästchen zum Ziehen. Einzige Vorgabe: Es sollen Felder für Fragekärtchen und Ereigniskärtchen eingebaut werden. Zuerst werden zu einem vorgegebenen Thema ca. 20 Fragen und Antworten entwickelt und auf einem Extrablatt notiert, das später als Kontrollblatt dient. Anschließend werden die Fragen auf die Kärtchen übertragen, die als Stoß umgedreht auf das entsprechende Feld gelegt werden.
Anschließend werden für die Ereigniskärtchen ebenfalls ca. 20 Beispiele entwickelt, ausgewählt und auf die Kärtchen übertragen, die ebenfalls umgedreht auf das entsprechende Feld gelegt werden.
In einem dritten Schritt werden die Spielregeln überlegt, z.B. welche Folgen es hat, wenn jemand eine Frage nicht beantworten kann etc.

Anmerkungen:
- Die Vorfreude auf das Spiel motiviert zur Beschäftigung mit dem erlernten Stoff.
- Beste Vertiefung des Gelernten ist die Erstellung des Spiels.

Material:
☐ Unterlagen zum Thema
☐ Karton für einen Spielplan
☐ Kärtchen für Fragen und Ereignisse
☐ Stifte
☐ Würfel und Spielfiguren

Üben und Vertiefen

„Würfelspiel"

BEISPIEL

Fragekärtchen zum Thema „Berufsausbildungsvertrag":

- Zu welchem Zweck muss der Ausbildende Auszubildende freistellen?
- Welche Regelung gibt es, wenn ein Auszubildender die Abschlussprüfung nicht besteht?
- Welche Bestimmungen enthält der Berufsausbildungsvertrag über den Urlaub?
- Was muss ein Auszubildender tun, wenn er wegen Krankheit nicht arbeitsfähig ist?

Beispiele für Ereigniskärtchen:

- Lass dir Zeit: Vor dem nächsten Würfeln gehst du ein Feld zurück!
- Du bist heute super drauf: drei Felder vor!
- Du bist noch ziemlich verschlafen und solltest dir deshalb eine Runde Pause gönnen!
- Geteiltes Leid ist halbes Leid: Alle – außer dir – gehen ein Feld zurück!

Beispiel für einen von einem Schüler am Computer entwickelten Spielplan, der für viele Fächer und Themen eingesetzt werden kann:

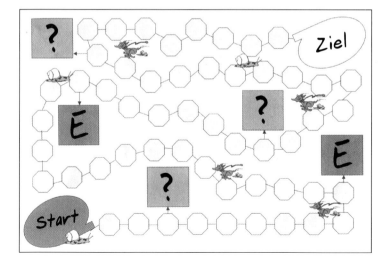

60 Methoden für produktive Arbeit in der Klasse

IN GRUPPEN ARBEITEN

4

„Themengruppen"
„Plangruppen"
„Zufallsgruppen"
„Gruppenfahrplan"
„Unsere Traumschule"
„Brückenbau"
„Quadratspiel"
„Team-Uhr"
„Gruppenporträt"
„Auszeit"

Wenn Schüler lernen sollen in Gruppen miteinander zu arbeiten, brauchen sie sowohl fachkundige Anleitung als auch ausreichende Gelegenheiten sich darin zu üben.

Gruppen können auf unterschiedliche Weise immer wieder neu gebildet werden. Andererseits kann auch über einen längeren Zeitraum mit festen Gruppen gearbeitet werden, was den Prozess des Zusammenwachsens erleichtert. Allgemein gilt: Eine Gruppengröße von drei bis fünf Personen sollte nur in Einzelfällen überschritten werden.

Die folgenden Methoden sollen eine produktive Arbeit mit klarer Aufgabenverteilung und Zielsetzung ermöglichen, damit aus einer Gruppe ein gut funktionierendes Arbeitsteam wird.

In Gruppen arbeiten
„Themengruppen"

Einsatzmöglichkeiten:
- zu einem Thema sollen bestimmte Teilgebiete in Gruppen bearbeitet werden,
- die Leistungsunterschiede in der Klasse sind extrem hoch,
- ein Thema lässt sich auf sehr unterschiedlichen Schwierigkeitsstufen erarbeiten.

Sozialform:
Gruppenarbeit

Beschreibung:
Die Themen werden an der Tafel oder auf einem großen Papierbogen notiert. Jeder Teilnehmer entscheidet sich nach Interesse für eins dieser Themen. Dabei ist es am besten, an die Teilnehmer kleine Zettel zu verteilen, auf die sie das Thema ihrer Wahl notieren können. So bleibt ihre Wahl weitgehend unbeeinflusst von möglichen Sympathien oder Antipathien gegenüber anderen Gruppenmitgliedern.
Es sollten mehr Themen zur Auswahl stehen, als es Gruppen geben wird. Dadurch entscheiden die Teilnehmer auch, welche Themen überhaupt bearbeitet werden.

Anmerkungen:
- <u>Vorteil</u>: Jeder kann sich frei für ein Thema entscheiden, das ihn interessiert.
- <u>Nachteil</u>: Zu viele melden sich für ein Thema, andere Themen finden keine Zustimmung. Lösungsmöglichkeiten: Entweder bearbeiten mehrere Gruppen das gleiche Thema oder es werden Freiwillige gesucht, die bereit sind, ein noch ausstehendes Thema zu bearbeiten. Um weiterhin überbelegten Themen können die einzelnen Gruppen auch würfeln.

Material:
☐ Tafel oder großer Papierbogen
☐ kleine Zettel
☐ evtl. Würfel

In Gruppen arbeiten

„Plangruppen"

Einsatzmöglichkeiten:
- in Klassen mit starker Außenseiterbildung bzw. Gruppenzentrierung,
- in Klassen mit großen Leistungsdifferenzen, wenn man entweder leistungshomogene oder -heterogene Gruppen erzeugen möchte,
- wenn andere Aufteilungen mit einem für die Stunde zu großen organisatorischen Aufwand verbunden sind.

Sozialform:
Gruppenarbeit

Beschreibung:
Abhängig von den Zielen der jeweiligen Unterrichtsstunde oder des anstehenden Projektes sollte man vorher gut überlegen, welche Gruppenzusammensetzung sich eignet:
- befreundete Teilnehmer (eingespielt und besonders kreativ)
- ungewöhnliche Gruppen (stärkt das Sozialgefüge: Zusammenarbeit ist schlechter)
- leistungshomogene oder leistungsdifferente Gruppen (je nach Arbeitsteilung)

Wenn Sie Ihre Entscheidung für eine bestimmte Gruppenzusammensetzung vor den Teilnehmern ehrlich begründen, werden Sie eine höhere Akzeptanz erzielen.

Anmerkungen:
- <u>Vorteil:</u> Wenn Sie schon vorher wissen, welche Teilnehmer zusammenarbeiten werden, können Sie die Gruppenarbeitsphasen besser planen und Ergebnisse kalkulieren. Die Gruppenbildung nimmt nicht so viel Zeit in Anspruch. Zum Beispiel können Sie vor der Stunde einfach farbige Punkte unter die Sitzplätze der Teilnehmer kleben, sofern die Sitzordnung feststeht.
- <u>Nachteil:</u> Diese Methode fördert bei den Teilnehmern nicht gerade das Gefühl der Selbstbestimmung. Außerdem könnte eine schlechte Zusammenarbeit bei neu gebildeten Gruppen zu Lasten des Themas gehen.

Material:
☐ evtl. eine Liste mit schriftlicher Gruppenaufstellung
☐ farbige Punkte etc.

In Gruppen arbeiten

„Zufallsgruppen"

 Einsatzmöglichkeiten:
- zur Verbesserung des Gemeinschaftsgefühls, wenn man die zufälligen Gruppen häufig wechselt,
- zum besseren Kennenlernen einander noch fremder Teilnehmer,
- um Streitigkeiten zu vermeiden: Häufig erkennen Teilnehmer den Zufall eher an als eine vorgegebene Gruppeneinteilung.

 Sozialform:
Gruppenarbeit

Beschreibung:
Es gibt verschiedene Möglichkeiten, Gruppen zufällig einzuteilen, z.B.:
- Spielkarten (nach Farbe oder Blatt),
- Puzzleteile (Postkarten zerschneiden und Teile zusammenfügen lassen,
- Sprichwörter zusammensetzen,
- verschiedenfarbige Bonbons (vorher abzählen),
- bestimmte Symbole finden sich zusammen,
- Fäden finden (Sie halten halb so viele Wollfäden, wie Teilnehmer da sind, so in einer Hand, dass die Fäden an beiden Seiten heraushängen. Jeder Teilnehmer greift nach einem Ende und findet seinen Partner am anderen.),
- farbige Punkte unter die Sitzplätze kleben (wenn die Sitzordnung vorher nicht feststeht),
- …

 Anmerkungen:
- <u>Vorteil:</u> Bei der Bildung von Zufallsgruppen sind Ihrer Fantasie keine Grenzen gesetzt. Variieren Sie diese Methoden häufiger (das macht den Unterricht abwechslungsreicher und die Gruppenbildung spannender). Beides wirkt sich positiv auf die gesamte Lernatmosphäre aus.
- <u>Nachteil:</u> Gruppenmitglieder werden oft zu schnell wieder auseinander gerissen. So besteht die Gefahr, dass der soziale Verbund oberflächlich bleibt.

 Material:
☐ abhängig von der gewählten Methode

In Gruppen arbeiten

„Gruppenfahrplan"

Einsatzmöglichkeiten:
- Durchführung von effektiver Gruppenarbeit mit detaillierter Planung, klarer Strukturierung und eindeutiger Rollenverteilung,
- Zielfestlegung und Überprüfung der Arbeitsschritte bei länger dauernder Gruppenarbeit und projektartigem Arbeiten,
- Terminplanung als Orientierung für die gesamte Gruppenarbeitsphase.

Sozialform:
Gruppenarbeit

Beschreibung:

1. Rollenverteilung:
Folgende Rollen können innerhalb jeder Gruppe verteilt werden:

Zeitwächter
- achtet auf die Einhaltung der Zeiten (auch der Pausen),
- erinnert ab und zu an die noch zur Verfügung stehende Zeit, d.h. mahnt zur Eile oder bremst die Gruppe.

Schriftführer
- hält die Arbeitsergebnisse fest und stellt sie vor,
- ist u.U. für ein Arbeitsprotokoll verantwortlich.

Prozessbeobachter
- spiegelt der Gruppe ihre Aktivitäten zurück: Arbeitsprozess, Pause, Seitengespräche, Störungen,
- beurteilt die Effektivität der Gruppenarbeit: Was lief gut, was hätte besser laufen können?

Gesprächsleiter
- erteilt das Wort,
- fasst zusammen und gibt Impulse für die weitere Arbeit.

Tipp: Am besten erstellt man Kärtchen, die auf der Vorderseite die Funktion, auf der Rückseite die entsprechenden Aufgaben enthalten.

In Gruppen arbeiten
„Gruppenfahrplan"

2. Arbeitsplan:

Jede Gruppe muss sich immer wieder ihr Ziel vor Augen halten. Das wird dadurch erleichtert, dass es in einen Arbeitsplan eingetragen wird, der den Gruppen für jede Planungsphase neu ausgegeben wird.
Außerdem ist es sinnvoll, die Arbeit in einzelne Schritte aufzugliedern. Diese sollten nicht immer von allen Gruppenmitgliedern, sondern auch arbeitsteilig durchgeführt werden. Darauf müssen die meisten Gruppen hingewiesen werden.
Zeitliche Festlegungen sind erforderlich, damit die Arbeit der verschiedenen Gruppen koordiniert werden kann. In Abständen werden die Pläne verglichen, um den Arbeitsverlauf zu kontrollieren.
Bewährt hat es sich, den Zeitplan an einer Pinnwand zu visualisieren. So kann kontrolliert werden, welche Arbeit gerade anfällt und was bis zu welchem Zeitpunkt zu erledigen ist. Es ist wichtig Zwischenstopps einzulegen, damit die Gruppen sich gegenseitig informieren können und der Arbeitsfortschritt kontrolliert werden kann.

Anmerkungen:

- Gerade in Arbeitsgemeinschaften, die mit Gruppenarbeit noch nicht so viel Erfahrung haben, ist das Festlegen bestimmter Rollen und die Einführung eines Arbeitsplans sinnvoll, um alle in die Arbeit einzubinden und den Arbeitsprozess deutlich zu machen.
- Durch die ausgefüllten Arbeitspläne erhalten die Teilnehmer und Sie schriftliche Dokumente, auf die zu späterem Zeitpunkt zurückgegriffen werden kann. Außerdem liefern sie, unabhängig vom zu bearbeitenden Thema, eine Beurteilungsgrundlage für die Zusammenarbeit in den Gruppen.

Material:

☐ Rollenkärtchen
☐ einen kopierten Arbeitsplan für jede Gruppe

In Gruppen arbeiten

„Gruppenfahrplan"

BEISPIEL

Beispiel für einen ausgefüllten Arbeitsplan:

Arbeitsplan

Namen der Gruppenmitglieder: Marica, Tim, Stefan, Nicole   **Datum:** 15.3.02

Thema: Mitbestimmung (Gemeinschaftskunde Klasse 9)

Unser Ziel ist: Gute Noten.
Es so rüberbringen, dass es jeder versteht.

Probleme, die auftreten können: Zeitprobleme, Verständnis

Arbeitsschritte:	Wer?	Wann?
1. Schritt: x) Alles durchlesen und sich klar machen, worum es geht.	alle	Di, 14.20–15.30 Uhr
x) Stichworte heraussuchen und erklären.	Tim, Stefan	
x) Die vorgegebenen Aufgaben bearbeiten.	Marica, Nicole	
2. Schritt: x) Das Wichtigste zu einem für die Mitschüler verständlichen Text zusammenfassen.	Tim, Stefan	Do, 12.00–12.40 Uhr
x) Ein kleines Rätsel zum Thema für die Mitschüler erstellen.	Marica, Nicole	
3. Schritt: x) Die vorbereiteten Texte üben und sich dann bei der Präsentation unser Ziel vor Augen halten!	alle	Di, 14.00–15.30 Uhr

In Gruppen arbeiten

„Unsere Traumschule"

Einsatzmöglichkeiten:
- aus einer Gruppe ein Team machen,
- zu Beginn einer Gruppenarbeitsphase, um die Gruppenphasen (s. „Team-Uhr", S. 88) zu erarbeiten, deren Kenntnis die Arbeit miteinander erleichtert,
- während der Arbeitsphasen, um die Selbst- und Fremdwahrnehmung zu schulen und den Gruppenprozess zu reflektieren.

Sozialform:
Gruppenarbeit

Beschreibung:

1. Phase: Ohne miteinander zu reden, zeichnet die Gruppe ihre Traumschule auf einen großen Bogen (z.B. Flipchartpapier), der entweder auf dem Boden oder auf einem großen Tisch ausgebreitet wird. Nach Fertigstellung werden die verschiedenen Rollen eingezeichnet, die es an dieser Schule geben soll, z.B. die Rollen, die unter der 3. Phase vorgeschlagen sind.

2. Phase: Die Gruppe verhandelt über den Namen der Schule, der in die Zeichnung eingetragen wird.

3. Phase: Es werden folgende Rollen untereinander in der Gruppe vergeben:
- Wer ist Schulleiter?
- Wer ist Stellvertreter?
- Wer ist Schülersprecher?
- Wer ist Hausmeister?
- Wer ist Sekretär?
- Wer ist Lehrer?
- Wer ist Schüler?

Im Anschluss daran werden die Ergebnisse besprochen und vor allem der Arbeitsprozess und die verschiedenen Gruppenrollen reflektiert.

Material:
☐ für jede Gruppe einen Papierbogen, ca. 70 x 100 cm
☐ farbige Stifte, Wachsmalkreide

In Gruppen arbeiten

„Brückenbau"

Einsatzmöglichkeiten:

- aus einer Gruppe ein Team machen,
- zu Beginn einer Gruppenarbeitsphase, um die Gruppenphasen (s. „Team-Uhr", S. 88) zu erarbeiten, deren Kenntnis die Arbeit miteinander erleichtert,
- während der Arbeitsphasen, um die Selbst- und Fremdwahrnehmung zu schulen und den Gruppenprozess zu reflektieren.

Sozialform:

Gruppenarbeit

Beschreibung:

Die Klasse wird in Zufallsgruppen eingeteilt, die aus 4–6 Mitgliedern bestehen. Das Material (s.u.) wird verteilt.

Aufgabe:

In 20 Minuten soll aus dem oben angegebenen Material eine Brücke gebaut werden, die möglichst lang, stabil und formschön gestaltet ist.

Bewertung der Ergebnisse:

Nach Ablauf der Zeit werden die Ergebnisse vorgestellt und von den Gruppen bewertet. Jede Gruppe hat zehn Punkte, die sie auf die verschiedenen Brücken, außer auf die eigene, verteilen kann.

Bewertung des Gruppenprozesses:

- Haben alle miteinander überlegt und gearbeitet oder hat eine einzelne Person bestimmt?
- Welches Verhalten hat positive, welches negative Gefühle ausgelöst?
- Was würdet ihr beim nächsten Mal anders machen?

Material (für jede Gruppe):

☐ zwölf Bögen DIN-A4-Papier
☐ ein Klebestift
☐ eine Schere
☐ 20 Büroklammern

In Gruppen arbeiten

„Quadratspiel"

 Einsatzmöglichkeiten:

- jeder soll sich nach seinen Möglichkeiten einbringen, um die Arbeitsergebnisse der Gruppe zu verbessern,
- aus einer Gruppe ein Team machen, also eine gut miteinander arbeitende Gemeinschaft,
- zu Beginn einer Gruppenarbeitsphase, um die Gruppenphasen (s. „Team-Uhr", S. 88) zu erarbeiten, deren Kenntnis die Arbeit miteinander erleichtert,
- während der Arbeitsphasen, um die Selbst- und Fremdwahrnehmung zu schulen und den Gruppenprozess zu reflektieren.

 Sozialform:

Gruppenarbeit

 Beschreibung:

Es werden Zufallsgruppen mit fünf oder sechs Mitgliedern gebildet. Jeder Gruppe wird ein Tisch zugeteilt, an dem sie ungestört arbeiten kann. Außerdem erhält jede Gruppe einen großen Umschlag, der fünf (je nach Vorbereitung auch sechs) kleinere Umschläge mit den Puzzleteilen und eine Spielanleitung enthält. Die Puzzleteile sind so auf die Umschläge verteilt, dass keiner daraus ein passendes Quadrat zusammensetzen kann. Die folgende Anleitung wird vom Gruppenleiter, der von der Gruppe gewählt wird, vorgelesen.

 Anmerkungen:

- Ideal sind fünf Teilnehmer.
- Bei einer Gruppe von sechs kann ein Quadrat doppelt eingesetzt werden, mit vier Teilnehmern wird es zu einfach.

Material:

☐ große Umschläge in der Zahl der Gruppen, die fünf kleinere Umschläge mit den Puzzleteilen und der Anleitung (siehe nächste Seite) enthalten. (Die Puzzleteile in den kleineren Umschlägen sind so verteilt, dass keiner das passende Quadrat legen kann.)

In Gruppen arbeiten

„Quadratspiel"

Anleitung für den Gruppenleiter:
Verteile an jeden in deiner Gruppe einen Umschlag.
Auf ein Zeichen hin öffnet ihr alle Umschläge gleichzeitig.
Achtung: Ab jetzt darf kein Wort mehr gesprochen werden!
Ihr dürft euch auch nicht durch Zeichen verständigen!
- Jeder versucht jetzt gleich große Quadrate zusammenzusetzen.
- Kein Spieler darf sich von anderen ein Teilstück holen oder andeuten, dass eins benötigt wird.
- Wer ein Teilstück abgeben will, muss es in die Mitte des Tisches legen. Nur diese Teile dürfen von den anderen genommen werden.

Die Aufgabe ist beendet, wenn jedes Gruppenmitglied ein vollständiges Quadrat vor sich liegen hat. Redet nun darüber, wie es euch bei diesem „Quadratspiel" ergangen ist.

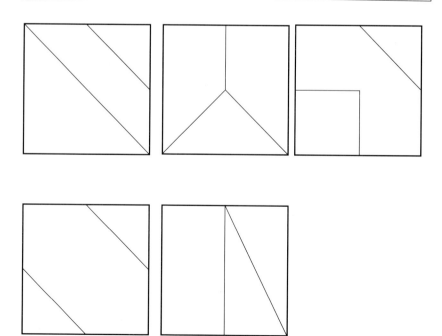

In Gruppen arbeiten

„Team-Uhr"

 Einsatzmöglichkeiten:
- Kennenlernen der Gruppenarbeitsphasen,
- Verbesserung der Motivation beim Umgang mit Konflikten durch die Einsicht, dass eine Konfliktphase etwas völlig „Normales" ist.

 Sozialform:
Gruppenarbeit

 Beschreibung:
Jede Gruppenarbeit durchläuft bestimmte Phasen, deren Kenntnis die Arbeit in und mit Gruppen erleichtert. Sie werden auch als „Team-Entwicklungs-Uhr" bezeichnet *(vgl. Francis, D./Young, D.: „Mehr Erfolg im Team" bzw. Philipp, E.: „Teamentwicklung in der Schule")*. Für Schüler habe ich für die vier typischen Phasen Bezeichnungen gewählt, die gut verständlich sind und die wichtigen Merkmale dieser Phasen verdeutlichen.

Phasen der „Team-Uhr"	Merkmale	Hinweise und Hilfen
1. Phase der Eingewöhnung	a) Kennenlernen und gegenseitiges „Beschnuppern" der Gruppenmitglieder b) Kennenlernen der Aufgabe	a) Einplanen von Zeit für Kontaktaufnahme *(Hilfen: Gruppenspiele, S. 84–87/ „Gruppenporträt", S. 92)* b) klare Formulierung der Aufgabe
2. Konfliktphase	a) Probleme bei der Rollenfindung, konkurrierendes Verhalten b) Probleme mit der Aufgabe, Angst vorm Scheitern	a) Beeinträchtigung der Arbeit durch Feindseligkeiten *(Hilfen: „Auszeit", S. 94/ Gruppenspiele, S. 84–87)* b) Unterstützung aus der Gruppe oder durch Außenstehende für die Fortsetzung der Arbeit
3. Versuch der Zusammenarbeit	a) Einsicht in die Notwendigkeit der Zusammenarbeit b) Klarheit mit der Aufgabenstellung, Möglichkeiten der Bearbeitung werden gesehen und ausprobiert	a) Verstärkung der Zusammenarbeit, u.U. durch Gruppenspiele (S. 84–87) b) Kurzpräsentation zur Information der übrigen Gruppen über den Stand der Arbeit
4. Lösung der Aufgabe	a) klare Rollenverteilung, produktive Arbeit b) Intensive Arbeit an der Aufgabe, um zu einer erfolgreichen Lösung zu kommen	a) gegenseitige Unterstützung, Einbringen der eigenen Fähigkeiten b) im Vordergrund stehen: Erreichen des Ergebnisses, Vermeiden von Störungen Wichtig: Erfolge feiern!

In Gruppen arbeiten
„Team-Uhr"

Aus diesen Phasen der Teamarbeit kann man eine so genannte „Team-Uhr" gestalten, die den einzelnen Gruppen während ihrer Arbeit bewusst macht, in welcher Phase sie sich gerade befinden und warum.

Anmerkungen:

- Hilfreich ist es, eine „Team-Uhr" (siehe S. 90), möglichst mit beweglichem Zeiger, auf einen Papier- oder Kartonbogen (ca. 70 x 100 cm) aufzuzeichnen und im Klassenzimmer aufzuhängen. (So ist ständig präsent, dass in einer Gruppenarbeit typische Phasen durchlaufen werden.)
- Die momentane Befindlichkeit kann folgendermaßen über Uhrzeiten abgefragt werden:
  Wie spät ist es gerade in eurem Team?
  Dadurch wird den Gruppenmitgliedern das Einnehmen der Metaebene ermöglicht, was den Umgang mit Konflikten erleichtert.
- Wichtig zu wissen ist, dass im Verlauf einer Gruppenarbeit einzelne Phasen wiederholt auftreten können.
  Beispiel: Die Gruppenarbeit ist weit fortgeschritten (Stand: 10 Uhr), trotzdem kommt es erneut zu einer Konfliktphase (Stand: 16 Uhr), weil konkurrierendes Verhalten in der Gruppe auftritt.
  Möglicher Grund: die Rollenverteilung unter den Gruppenmitgliedern für die Präsentation der Arbeitsergebnisse.
- Die Phasen der Team-Uhr können mit den Schülern entwickelt werden, indem man z.B. eines der „Teamspiele" spielt und anschließend den Verlauf des Spiels reflektiert.

Material:
☐ Papier- oder Kartonbogen ca. 70–100 cm
☐ Pappe für den Zeiger
☐ Schere
☐ breite Marker
☐ Musterbeutelklammer als Drehachse für den Zeiger

In Gruppen arbeiten
„Team-Uhr"

Beispiel für eine „Team-Uhr":

In Gruppen arbeiten

„Team-Uhr"

BEISPIEL

**Beispiel (für das Verhalten der Teilnehmer nach der „Team-Uhr"
beim „Quadratspiel", S. 86):**

Phase der Eingewöhnung
Jeder Teilnehmer beschäftigt sich mit seinen Puzzleteilen und versucht
daraus ein Quadrat zu legen. Einzelne Spieler legen Teile, die sie für
ihr Quadrat nicht benötigen, in die Mitte, damit andere Gruppenmitglieder
diese Teile für ihre Puzzle nutzen können.

Konfliktphase
Ein Spieler ist nach dem ersten Tauschen in der Lage mit seinen Teilen
ein Quadrat zu legen. Dabei hat er aber Teile verwendet, die von anderen
benötigt werden. Sein Puzzleteil ist dagegen noch im Umlauf.
Er ist aber nicht bereit, von seiner für ihn positiven Lösung Abstand
zu nehmen, was andere Gruppenmitglieder zur Verzweiflung bringt.
Beispiel für eine mögliche

falsche Lösung: 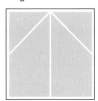   richtige Lösung:

Versuch der Zusammenarbeit
Um das Gesamtergebnis zu ermöglichen ist ein anderer Teilnehmer bereit,
alle seine Teile in die Mitte zu legen, um die anderen zum Überdenken
ihrer bisherigen Lösung zu veranlassen.

Lösung der Aufgabe
Jeder Teilnehmer hat jetzt die Gesamtlösung im Blick. Der Teilnehmer
mit dem eigentlich fertigen, für die Gesamtlösung aber falsch zusammengesetzten Quadrat hat seinen Fehler erkannt und stellt seine beiden
kleinen Dreiecke (siehe oben) ebenfalls zur Verfügung. Dadurch wird
die Lösung der Aufgabe für die gesamte Gruppe ermöglicht.

In Gruppen arbeiten

„Gruppenporträt"

 **Einsatzmöglichkeiten:**
- Vorbereitung einer intensiven Gruppenarbeitsphase,
- bei neu zusammengesetzten Gruppen wird die Kontaktaufnahme erst einmal in der Kleingruppe ermöglicht.

Sozialform:
Arbeit in der Gruppe mit drei bis sechs Teilnehmern,
Vorstellungsrunde im Plenum.

 Beschreibung:
Die Gruppe stellt sich mit Hilfe eines Porträts vor. Sie gibt den anderen notwendige und interessante Informationen: Namen, Aufgaben, Pläne, eigene Vorstellungen, besondere Fähigkeiten, Erwartungen etc.
Die Gruppe kann sich einen Namen geben, ein Logo entwickeln ...
Das Porträt sollte ansprechend gestaltet sein mit Zeichnungen, Fotos etc. und die einzelnen Gruppenmitglieder gut zur Geltung kommen lassen.

 Anmerkungen:
- Durch das Gruppenporträt können sich die Mitglieder der Gruppe besser kennen lernen und miteinander vertraut werden, was zu einer guten Zusammenarbeit beiträgt.
- Indem sich die Gruppe den anderen vorstellt, kann sie ihre eigene Identität entwickeln. Der Prozess der Ideenfindung für die Vorstellung kann den Zusammenhalt der Gruppe fördern.

 Material:
☐ Tonpapierbögen oder Papierbögen, ca. 50 x 70 cm oder größer
☐ breite Marker und verschiedenfarbige Stifte
☐ Kleber
☐ evtl. Fotos von der Gruppe oder eine Digitalkamera
☐ Computer und Drucker

In Gruppen arbeiten

„Gruppenporträt"

BEISPIEL

Beispiel für die Erstellung eines Gruppenporträts:
Die Teilnehmer am „Euro-Reporter-Wettbewerb", der von der Deutschen Gesellschaft e.V. ausgeschrieben wurde, sollten bei mehreren Veranstaltungen ihre Arbeitsergebnisse präsentieren. Dafür bekamen sie die Aufgabe, ihre Gruppe anhand eines Gruppenporträts vorzustellen, das auf einem Plakat gestaltet werden sollte. Jede Gruppe erhielt dafür die folgende Anleitung:

Gruppenporträt
Als Euro-Reporter-Gruppe stellt ihr euch Mitschülern, Eltern und Lehrern mit einem Gruppenporträt vor. Dazu erstellt ihr ein Plakat, das notwendige und interessante Informationen enthält: Gruppen- und Mitgliedernamen, Aufgaben, Pläne, Vorstellungen, Erwartungen etc. Dazu könnt ihr ein eigenes Logo entwickeln, vielleicht fällt euch auch ein Bild dazu ein ... Das Porträt sollte mit Zeichnungen und Fotos optisch gut gestaltet sein und die einzelnen Gruppenmitglieder gut zur Geltung kommen lassen. Denkt an die Regeln für Plakate: Schriftart, Schriftgröße etc.

Beispiel für das Gruppenporträt der „Eurogirls", Schülerinnen einer 7. Klasse

60 Methoden für produktive Arbeit in der Klasse
© Verlag an der Ruhr, Postfach 10 22 51, 45422 Mülheim an der Ruhr, www.verlagruhr.de

In Gruppen arbeiten

„Auszeit"

Einsatzmöglichkeiten:
- Aufarbeitung von Gruppenkonflikten zur Verbesserung der Zusammenarbeit,
- Reflexion über Eigenarten und Verletzlichkeiten eines jeden Gruppenmitgliedes zum besseren gegenseitigen Verständnis.

Sozialformen:
erst Einzel-, dann Gruppenarbeit,

Beschreibung:
Der Einschätzungsbogen wird von jedem Gruppenmitglied allein ausgefüllt und anschließend in der Gruppe besprochen, um die eigene Einschätzung mit der der anderen zu vergleichen. Bei unterschiedlicher Bewertung wird nach Gründen gesucht.

Anmerkungen:
- Wenn Selbst- und Fremdwahrnehmung nicht übereinstimmen, kann eine Rückmeldung hilfreich sein.
- Jeder sollte sich einmal Gedanken machen, welche persönlichen Eigenheiten einem Miteinander im Wege stehen.

Material:
☐ Einschätzungsbögen im DIN-A4-Format in der Zahl der Teilnehmer
☐ Stifte

In Gruppen arbeiten

„Auszeit"

BEISPIEL

Beispiel für einen Einschätzungsbogen:

Einschätzungsbogen

Aufgabe: Bewerte dein Verhalten bei der Gruppenarbeit mit 0 bis 4 Punkten. Dabei stehen 4 Punkte für eine sehr gute, 0 Punkte für eine schlechte Leistung. Anschließend sprichst du mit deiner Gruppe darüber, wie du dich selbst siehst und wie die anderen dich sehen. Sucht Gründe für eine unterschiedliche Einschätzung.

	0	1	2	3	4
Ich kann gut auf andere eingehen	☐	☐	☐	☐	☐
Ich spreche Missstände offen an	☐	☐	☐	☐	☐
Ich bringe die Arbeit voran	☐	☐	☐	☐	☐
Ich ermutige und unterstütze andere	☐	☐	☐	☐	☐

Eine Eigenart von mir, die möglicherweise die Zusammenarbeit erschwert:

_____

_____

Auf folgende Weise kann ich versuchen dagegen anzugehen:

_____

_____

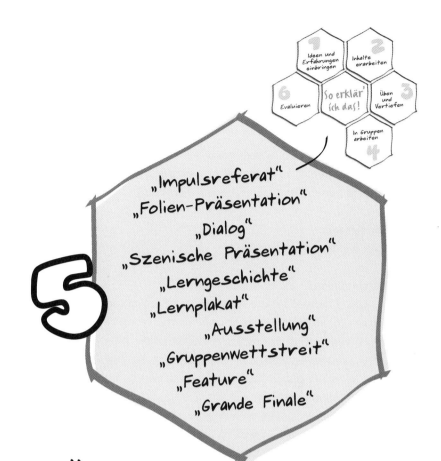

PRÄSENTIEREN UND INFORMIEREN

Wenn ich mir auf einem Gebiet Kenntnisse angeeignet habe, kann ich sie durch eine Präsentation anderen zugänglich machen, d.h. eine Präsentation ist gleichzeitig eine Information für andere und umgekehrt.

Informationen werden besser und leichter aufgenommen, wenn sie gut präsentiert werden. Sie sollten klar strukturiert sein und möglichst viele Sinne ansprechen.

Die ausgewählten Methoden bieten Abwechslung und reichen von einfachen bis zu komplexen Formen.

Präsentieren und Informieren

„Impulsreferat"

Einsatzmöglichkeiten:
- auf diese Weise kann über jedes Thema informiert werden,
- Informationen werden in kompakter Form weitergegeben,
- ein Referent präsentiert die Ergebnisse seiner Arbeit.

Sozialform:
Einzelarbeit im Plenum

Beschreibung:
Durch das Referat werden in der Regel in mündlicher Form Informationen weitergegeben (in kompakter Form in relativ kurzer Zeit). Die Fähigkeit zuzuhören ist begrenzt, deshalb sollte ein Referat nicht mehr als 15 bis 20 Minuten umfassen. Da es sich um eine mündliche Form der Information handelt, sollte die Art des Vortrags darauf abgestimmt sein, dass er
- übersichtlich strukturiert ist;
- möglichst frei gehalten wird;
- kurze und knappe Sätze verwendet werden;
- durch Bilder und Vergleiche der Sachverhalt veranschaulicht wird;
- durch Bilder, Folien, Demonstrationsobjekte das Thema verdeutlicht wird;
- Wiederholungen und Zusammenfassungen die Aufnahme erleichtern.

Anmerkungen:
- Beim Referat ist wichtig, dass die Zuhörer nicht überfordert werden, weil sie sonst „abschalten". Das bedeutet, dass die Dauer eher kürzer sein kann als oben angegeben.
- Wichtig ist es „Aufhänger" einzufügen, die sich einprägen und die Aufnahme des Sachverhalts erleichtern.

Material:
(abhängig vom Thema:)
- ☐ Bilder
- ☐ Folien
- ☐ Anschauungsobjekte
- ☐ Thesenpapier etc.

Präsentieren und Informieren

„Folien-Präsentation"

Einsatzmöglichkeiten:
- auf diese Weise kann über jedes Thema informiert werden,
- Informationen werden visualisiert,
- Arbeitsergebnisse werden präsentiert.

Sozialformen:
Einzel-, Partner- oder Gruppenarbeit, Vortrag im Plenum

Beschreibung:
Die inhaltliche Konzeption einer Folie setzt eine klare Strukturierung des Themas voraus und ist auf die wichtigsten Informationen beschränkt. Weitere Erläuterungen werden in mündlicher Form gegeben.

Regeln für die Gestaltung einer Folie:

Schreibweise:
- Beschränkung auf eine Schriftart in Groß- und Kleinbuchstaben in einer Höhe von 5 mm bei bis zu 10 m Abstand von den Teilnehmern;
- Hervorhebungen entweder kursiv *oder* unterstrichen;

Gestaltung:
- Pro Folie nur ein Thema mit max. 7 Informationen
- Erkennbare Struktur durch Hervorheben der Überschrift, Spiegelstriche etc.;
- Farben sparsam und systematisch verwenden;

Präsentation:
- Nicht alle Informationen auf einmal geben, sondern mehrere Folien übereinander legen oder Teile abdecken. (*Tipp:* Kopie der Folie dazu nutzen)

> Allgemein gilt:
> Weniger ist mehr –
> sowohl bei der Anzahl
> als auch bei der Gestaltung
> der Folien

Anmerkungen:
- Overhead-Projektoren stehen fast überall zur Verfügung, oft auch Computer/Laptops und Beamer. Die Folien können (z.B. mit PowerPoint) gut vorbereitet werden und sind vielfältig einsetzbar.
- Allerdings kann eins von Nachteil sein: Es kann immer nur eine Folie gezeigt werden, d.h. die vorher gezeigten stehen nicht mehr als Gesamtpräsentation bereit.

Material:
☐ OHP-Folien, Folienstifte und Projektor

Präsentieren und Informieren

Einsatzmöglichkeiten:

- lebendig gestaltete Information über vielerlei Themen durch Verwendung der gesprochenen Sprache,
- Verständnis schwieriger Sachverhalte wird durch Fragen und Ergänzungen der Dialogpartner erleichtert.

Sozialformen:

erst Partnerarbeit, dann Vortrag im Plenum

Beschreibung:

Zwei Teilnehmer haben sich inhaltlich gründlich auf ein Thema vorbereitet.
Sie präsentieren diese Informationen in einem Zwiegespräch.
Wichtig ist die klare und überschaubare Struktur des Dialogs.
Nach der Einführung in das Thema werden die Schwerpunkte erörtert.
Zum Schluss kann das Wichtigste noch einmal zusammengefasst werden.
Man unterscheidet zwei Varianten:
Bei der ersten sind die Dialogpartner gleichberechtigt,
d.h. sie unterhalten sich über das Thema.
Bei der zweiten gibt einer die Struktur des Dialogs vor,
indem er Fragen, Anregungen und Einwände formuliert,
auf die die andere Person ausführlich eingeht.

Anmerkungen:

- Wichtiger Bestandteil ist das Eingehen auf die Gedanken und Einwände des Partners.
- Verwendet wird die gesprochene Sprache.
- Der Verdeutlichung dienen Wiederholungen, Ergänzungen und gestische Unterstreichungen.

Material:

☐ Texte zur Vorbereitung für den Dialog

Präsentieren und Informieren

„Dialog"

BEISPIEL

Dialog im Fach Geschichte zum Thema „Ludwig der XIV." (der „Sonnenkönig"):

Ist Ludwig XIV. schon als Kind König gewesen?
Er kommt im Alter von fünf Jahren auf den Thron, im Jahre 1643.
Die Regierungsgeschäfte übernimmt für ihn Kardinal Mazarin.

Wie lange hat er sich von Mazarin die Geschäfte führen lassen?
Als Mazarin stirbt, ist er 18 Jahre alt. Er ruft sofort seine Minister
zusammen und erklärt ihnen, dass ab jetzt er allein das Sagen hat.
Nichts darf mehr ohne seinen Willen geschehen: „Der Staat – das bin ich!"

Mit 18 Jahren ist er Alleinherrscher!
„Der Staat – das bin ich!" Wie geht er weiter vor?
Seine Machtfülle zeigt sich besonders in seinem Schloss Versailles, das mit
viel Aufwand in einer sumpfigen Einöde erbaut wird. Es hat fast 2000 Räume
und ausgedehnte Parkanlagen. Es herrscht eine unvorstellbare Pracht!

Woher hat er das Geld dafür? Das kann doch eigentlich
nur durch Steuern aufgebracht werden.
So ist es: Die Bevölkerung muss immer höhere Steuern zahlen …
Seine Macht stützt er auf ein stehendes Heer, d.h. auf Berufssoldaten.
Das ist die erste Säule seiner Macht. Das Heer soll im Inneren die Bevölkerung von Aufständen abhalten, nach außen braucht er es für seine Kriege.

Wenn das stehende Heer die erste Säule seiner Macht ist –
welche ist die zweite?
Das sind seine Beamten. Er braucht einen immensen Verwaltungsapparat,
um die Steuern einziehen zu lassen. Außerdem müssen die Gerichte,
die Polizei, der Straßenbau und anderes überwacht werden.

Erste Säule: stehendes Heer! Zweite Säule: die Beamten!
Gab es noch eine dritte?
Die dritte Säule ist der Merkantilismus. Weil Ludwig XIV. viel Geld braucht,
entwickelt sein Wirtschaftsminister ein neues Wirtschaftssystem.

Wie funktioniert der Merkantilismus?
usw.

Präsentieren und Informieren

„Szenische Präsentation"

Einsatzmöglichkeiten:
- auf diese Weise kann über jedes Thema informiert werden,
- Informationen werden in kompakter Form weitergegeben,
- eine Gruppe präsentiert die Ergebnisse ihrer Arbeit.

Sozialform:
erst Gruppenarbeit, dann Vortrag im Plenum

Beschreibung:
Eine Gruppe von Teilnehmern hat sich inhaltlich gründlich
auf ein Thema vorbereitet. Sie präsentieren diese Informationen,
indem zwei von ihnen als Paar in einem Zwiegespräch den Raum betreten
und sich gut vernehmlich über die Einleitung zu diesem Thema unterhalten.
Die übrigen Gruppenmitglieder sind unter den Zuhörern verteilt.
Auf bestimmte Stichworte des Paares hin (die von ihnen auf einem Spruchband,
auf einer Tafel oder durch einen Gegenstand visualisiert werden können) steht
jeweils einer von ihnen auf und ergänzt durch seine Information das Gespräch.
Anschließend können andere Gruppenmitglieder zu Wort kommen.
Die Leitung liegt bei dem Paar, das begonnen hat.

Anmerkungen:
- Die Inszenierung muss gut aufeinander abgestimmt sein.
- Gegenstände oder Begriffe, die bei dem Thema eine Rolle spielen, können auch durch die Mitspielenden im Publikum personifiziert werden.
- Verwendet wird die gesprochene Sprache.
- Der Verdeutlichung dienen Wiederholungen, Ergänzungen und gestische Unterstreichungen.

Material:
☐ Texte zur Vorbereitung für das Spiel
☐ evtl. Visualisierungshilfen

Präsentieren und Informieren

„Lerngeschichte"

Einsatzmöglichkeiten:
- auf diese Weise kann über jedes Thema informiert werden,
- Informationen werden in Form eines Gesprächs, d.h. in gesprochener Sprache, weitergegeben und sind deshalb leichter zu erfassen,
- eine Gruppe präsentiert die Ergebnisse ihrer Arbeit in abwechslungsreicher und lebendiger Form.

Sozialform:
erst Gruppenarbeit, dann Vortrag im Plenum

Beschreibung:
Die Lerngeschichte hat ihren Ursprung zum einen im Lernkonzert der Suggestopädie, zum anderen in den Mitspielgeschichten des „Jeux dramatique". Die Lerner eignen sich durch einen Text, der als Gespräch zwischen mehreren Personen, als Erzählung oder als Mischform von beiden geschrieben ist, Kenntnisse an, die so auch wiederholt oder vertieft werden können.
Der Text wird aus Schulbüchern, Reiseführern, Fachliteratur etc. zusammengestellt. Wichtig ist dabei, dass möglichst viele Sinne angesprochen werden, die die Vorstellung erleichtern. Das kann durch entsprechende Formulierungen geschehen oder durch passende Musik, Geräusche und Bilder zum Thema.
Der Vortrag wird von einer Gruppe von Teilnehmern gestaltet, die sich darauf vorbereitet haben. Der Text kann vorher oder auch erst im Anschluss an den Vortrag ausgeteilt werden.

Anmerkungen:
- Die Lerngeschichte eignet sich für viele Themen, der Text wird selbst geschrieben. Passende Bilder werden herausgesucht und u.U. vergrößert. Passende Musik oder Geräusche werden zusammengestellt.
- Der Text wird so gestaltet, dass er gut zu verstehen ist.
  Er enthält Zusammenfassungen und Wiederholungen,
  die das Aufnehmen des Inhalts erleichtern.

Material:
☐ Texte, Musik und Bilder als Grundlage für die Lerngeschichte

Präsentieren und Informieren
„Lerngeschichte"

BEISPIEL

Für eine Lerngeschichte im Fach Geschichte zum Thema „Versailler Vertrag":

Ausgangspunkt:
Der Verlauf des Ersten Weltkriegs ist klar, nur der Ausgang noch nicht. Darüber entwickelt sich zwischen zwei Schülerinnen und einem Schüler der Klasse 9e ein interessantes Gespräch:

Melanie: Ich würde gern wissen, wie der Krieg schließlich ausging. Mir ist zwar klar, dass das Eingreifen der USA den Zusammenbruch Deutschlands zur Folge haben musste, aber was passierte eigentlich genau?

Jan: Generalfeldmarschall von Hindenburg forderte die Regierung zu Waffenstillstandsverhandlungen auf, weil Deutschland den Krieg nicht mehr gewinnen konnte.

Marica: Was glaubst du, was da in Deutschland los war! Viele hatten noch die Sprüche im Ohr: „Spaziergang nach Paris!" oder „Jetzt wollen wir sie dreschen!"
Nationale Überheblichkeit in höchster Form! Siegessicher war man in den Krieg gezogen und nun eine solche Niederlage!

Jan: Und nun stellt euch vor: Auf See sollte noch Krieg gegen England geführt werden! Das haben die Matrosen nicht mehr eingesehen – sie meuterten! Etliche wurden verhaftet, doch wieder flammte der Aufstand auf.
Am 3. November hissten sie rote Fahnen und zogen in Demonstrationen durch die Stadt. Das war ein Geschiebe und Gedränge, dass einem Angst werden konnte! In verschiedenen Städten übernahmen gewählte Arbeiter- und Soldatenräte die Macht. Mensch, da war was los!

Melanie: …

Präsentieren und Informieren

„Lernplakat"

Einsatzmöglichkeiten:

- in allen Fächern, um über ein Thema zu informieren bzw. es zu präsentieren,
- zur übersichtlichen Strukturierung eines Themas,
- besseres Einprägen mündlich vorgetragener Informationen durch Visualisierung,
- mehrere Plakate zu einem Themenbereich für Rückblicke und Vergleiche,
- Schulung des freien Vortrags durch den Bezug zum Plakat.

Sozialform:

Gruppenarbeit

Beschreibung:

Die Erstellung eines Lernplakates setzt eine intensive Beschäftigung mit dem Thema voraus. Es muss klar strukturiert werden, da die Inhalte auf die wichtigsten Informationen beschränkt werden sollten. Weitere Erläuterungen werden in mündlicher Form gegeben.
Wichtig für die Gestaltung: Die Texte werden nicht direkt auf das Plakat, sondern auf Streifen, Kärtchen etc. geschrieben. So sind Korrekturen leichter möglich. Bevor sie aufgeklebt werden, muss die Gesamtgestaltung klar sein. Es ist auch möglich, ein oder zwei Bilder, Schaubilder oder Zeichnungen einzufügen, die für das Thema von Bedeutung sind. Für die Erstellung sind die auf S. 106 zusammengestellten Regeln eine gute Hilfe.

Anmerkungen:

- Die Gestaltung von Plakaten macht den meisten Schülern Spaß, denn es kommen verschiedene, vor allem auch kreative Fähigkeiten zum Einsatz.
- Die Schüler lernen, sich auf wichtige Informationen zu beschränken.

Material:

☐ Papierbögen, ca. 70 x 100 cm
☐ breite Marker
☐ Moderationskärtchen
☐ farbige Blätter oder Tonpapierbögen
☐ evtl. vergrößerte Kopien von Bildern zum Thema

Präsentieren und Informieren

„Lernplakat"

BEISPIEL

Regeln für Lernplakate

Schreibweise

- ✗ Groß- und Kleinbuchstaben in Druckschrift
- ✗ Buchstaben eng aneinander
- ✗ Schrifthöhe ca. 2,5 cm
- ✗ Schriftblöcke mit höchstens drei Zeilen
- ✗ Stichwortartig schreiben

Gestaltung

- ✗ Pro Plakat nur ein Thema
- ✗ Hervorhebung der Überschrift
- ✗ Gliederung: Schwerpunkte werden deutlich
- ✗ Farben sparsam und systematisch verwenden
- ✗ Bild oder Grafik zur Verdeutlichung

Präsentieren und Informieren

„Lernplakat"

BEISPIEL

Plakat zum Thema „Altenheime" von einem Schüler der 8. Klasse für das Fach Sozialkunde:

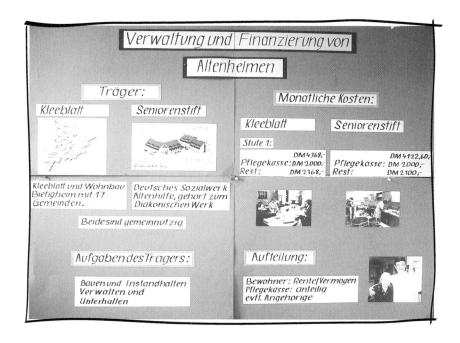

Präsentieren und Informieren

„Ausstellung"

Einsatzmöglichkeiten:
- Informationen über ein umfangreiches Thema, zu dem unterschiedliche Schwerpunkte vorgestellt werden,
- Präsentation der Ergebnisse einer längeren Arbeitsphase, evtl. zu einem besonderen Anlass.

Sozialformen:
Gruppenarbeit, Plenum

Beschreibung:
Es wird ein Konzept für die Ausstellung zu einem thematischen Schwerpunkt entwickelt und dazu benötigtes Material zusammengetragen bzw. in Gruppen angefertigt. Plakate, Bilder, Collagen können erstellt und Gegenstände zusammengetragen werden.
Ebenso können Anregungen gegeben werden, sich zu betätigen und etwas auszuprobieren. Passende Musik oder Geräusche sind eine gute Ergänzung.
Die Ausstellung muss überschaubar sein und eine schnelle Orientierung ermöglichen. Eine Hilfe dabei können Farben sein, die bestimmte Bereiche markieren, große Überschriften, wiederkehrende Bilder und Symbole.
Es kann auch ein Handzettel oder Leitfaden erstellt werden.

Anmerkung:
- Die Ausstellung wird von den Teilnehmern selbst erstellt, d.h. sie sind aktiv beteiligt und nicht bloß Besucher oder Betrachter.
- Sie können auch als Ausstellungsführer tätig sein.

Material:
☐ geeignete Materialien zum Ausstellungsthema
☐ Stellwände, Tische, evtl. Regale oder Vitrinen

Präsentieren und Informieren

„Ausstellung"

BEISPIEL

Für die Ausstellung einer 10. Klasse im Fach Geschichte:

Erinnern für die Zukunft
Das Leben in Deutschland: Vom Ende des Krieges bis in die 50er-Jahre

Eindrücke von der Ausstellung (in Auszügen):

Zum Bereich „Kleidung":
Ein schwarzes Hochzeitskleid (es war eigentlich ein Trauerkleid) – aus den 50er-Jahren und Hochzeitsbilder

Vitrine mit Filmprojektor, Schallplatten etc.

Alte Kasse mit Kurbel, Schreibmaschine und Telefon

Präsentieren und Informieren

„Ausstellung"

BEISPIEL

Berichte und Bilder über Kriegsgefangenschaft und Heimkehr

Außerdem wurden Berichte und Interviews ausgestellt, die die Schüler mit Hilfe älterer Verwandter oder Bekannter erstellt hatten.

Die Ausstellung blieb eine Woche lang aufgebaut, damit andere Klassen sie besuchen konnten. Es wurden sogar Fragebögen für die Besucher dazu entwickelt, um sie auf wichtige Informationen aufmerksam zu machen.

Präsentieren und Informieren

„Gruppenwettstreit"

Einsatzmöglichkeiten:

- interessant gestaltete Arbeitsergebnisse unterschiedlichster Art werden von den Gruppen möglichst überzeugend präsentiert,
- Informationen werden den präsentierten Produkten, Vorführungen, Modellen, Plakaten etc. entnommen, nur das Wichtigste wird zusätzlich erklärt,
- Wettbewerb: Ermittlung des besten Arbeitsteams.

Sozialformen:
Gruppenarbeit, Plenum

Beschreibung:
Die Teilnehmer haben in Gruppen die Präsentation eines Themas vorbereitet und stellen ihre Arbeitsergebnisse vor. Dazu werden die benötigten Tische und Stellwände für die Präsentation aufgestellt und entsprechend dekoriert. Ausgestellt werden zum Beispiel Modelle, die gebaut wurden, Plakate, die ein Thema visualisieren, Bildersammlungen und Gegenstände, die ein Thema veranschaulichen.
Die Gruppenmitglieder stellen nacheinander ihre Ergebnisse möglichst werbewirksam vor.
Nach Abschluss aller Präsentationen wird der beste Beitrag von allen Teilnehmern ausgewählt und prämiert.

Anmerkungen:

- Die Präsentation der Gruppen wird abwechslungsreich gestaltet. Zu den Plakaten und Gegenständen werden nur Erläuterungen geben, die der gezeigten Darstellung nicht zu entnehmen sind.
- Der Wettstreit macht Spaß und spornt zu guten Leistungen an.

Material:

☐ Plakate
☐ Produkte/Gegenstände als Ergebnis der Gruppenarbeit
☐ Stellwände
☐ Tische

Präsentieren und Informieren

„Feature"

Einsatzmöglichkeiten:
- abwechslungsreiche Information als Einstieg in ein neues Thema,
- multimedialer Abschluss eines Themas, das nach einer längeren Arbeitsphase präsentiert wird.

Sozialformen:
Gruppenarbeit, Plenum

Beschreibung:
Unter „Feature" wird eine Mischform verstanden, die vor allem die Elemente Information und Unterhaltung verbindet und zusätzlich mit Bildern und Musik kombiniert wird. Wichtig ist dabei, dass alle Sinne angesprochen werden. Literarische Formen wie Aphorismen, Schilderungen und dramatische Szenen sind ebenso geeignet wie Verfremdung und Provokation. Bilder erhalten einen zusätzlichen Reiz durch Liedtexte, Gedichte, Textauszüge aus Reden, Memoiren etc. Eine Bildkartei (s.S. 41) kann als „Feature" schon dadurch gestaltet werden, dass mindestens zwei Sprecher abwechselnd präsentieren, Musik einfließt und meditative, informative und provokative Einlagen gemischt werden. *(angelehnt an: Xaver Fiederle, Methoden-Feature, 1998)*

Anmerkungen:
- Das „Feature" kann von den Seminarleitern präsentiert werden.
- Es ist ebenfalls möglich, dass es von den Teilnehmern selbst vorbereitet und präsentiert wird, sodass sie aktiv beteiligt und nicht bloß Zuhörer und Betrachter sind.
- Wichtig ist, dass man den Teilnehmern bei der Präsentation Zeit lässt, die Bilder in Ruhe zu betrachten und die Musik und die Texte nachwirken zu lassen.

Material:
☐ Bilder bzw. Bildkarteien
☐ Musik
☐ Texte
☐ OHP-Folien, auch als Folienpuzzles
☐ evtl. Computer und Beamer für PowerPoint-Präsentationen

Präsentieren und Informieren

„Feature"

BEISPIEL

Beispiel für ein „Feature" aus dem Fach Geschichte zum Thema „50er-Jahre":

Hinweis: Alles, was auf gleicher Höhe steht, läuft gleichzeitig ab, d.h. es läuft Musik, es werden Bilder aus der Bildkartei aufgestellt oder aufgehängt, OHP-Folien projiziert und kurze Texte vorgelesen (dabei wird die Musik leiser gestellt).

Musik	Bilder	Folien	Texte
	Auschwitz	Häftling	x Friedmann: „Vater"
1. Pur: „Wenn sie diesen Tango tanzt"	x Kohlenklau x Währungsreform x Zelten	x Auto/Picknick	x Zweiter Weltkrieg x Nachkriegszeit
2. B. Haley: „Rock around the Clock"	x Rock'n Roll x Coca Cola x Junge Leute	x Hula Hoop x Roller	x Friedmann: „Wald"
3. Conny: „Pack die Badehose ein"	x Film/Bar	x Wie kriege ich einen Mann x Sekretärin x Karikaturen	x Knobloch: „Heimkehr"
4. Konjunktur-Cha-Cha	x Werbung: Persil etc. x Ludwig Erhard x Möbel	x Aussteuer x Möbel (2x)	x Brandenburg: „Rückkehr" x Friedmann: „Appell"
5. Elvis: „Party"	x „Halbstarker" mit Motorrad x Junge Dame mit Zigarette	x Musikbox x Werbung: Musikbox x Werbung: Mieder	x Mode
6. „Kriminaltango"	x Junge Leute mit Plattenspieler	x Rock'n Roll	x Gefahren
7. „Zwei kleine Italiener"	x Junge Dame auf Auto x VW, Berge, See	x Goggo-Werbung: Puzzle	x Urlaub
8. „Capri-Fischer"			x Reiseträume

Dazu werden Überschriftenstreifen ausgehängt mit den Begriffen: Wirtschaftswunder, Ära Adenauer, Verdrängung der Vergangenheit, Flucht ins Privatleben, Die goldenen Fünfziger

Präsentieren und Informieren

"Feature"

BEISPIEL

Materialien zum Feature "50er-Jahre":
- Überschriftenstreifen mit Schlagworten
- Folien, auch ein Folienpuzzle
- Text zu Gefahren für Mädchen
- Bildkarteibögen
- Buch "Mein Vater" von Carl Friedmann
- Kassette mit Musik der 50er-Jahre

Präsentieren und Informieren

„Grande Finale"

Einsatzmöglichkeiten:
- vielfältige Informationen über ein umfangreiches Thema, zu dem unterschiedliche Schwerpunkte vorgestellt werden,
- abwechslungsreiche Präsentation der Ergebnisse einer längeren Arbeitsphase, evtl. zu einem besonderen Anlass.

Sozialformen:
Gruppenarbeit, Plenum

Beschreibung:
Das „Grande Finale" kombiniert mehrere bereits erwähnte Präsentationsformen. Zum Abschluss einer Unterrichtseinheit bereiten sich die verschiedenen Gruppen auf die Präsentation eines Teilbereichs des Themas vor. Jede Gruppe überlegt zuerst in eigener Regie, wie sie ihren Bereich präsentieren kann.
Eine Sondergruppe bekommt (evtl. per Los) die Aufgabe, die einzelnen Präsentationen aufeinander abzustimmen. Es wird nicht nur die Reihenfolge der Gruppen festgelegt, sondern eine Verknüpfung geplant. Dafür ist diese Sondergruppe zuständig, die in ständigem Kontakt mit den verschiedenen Gruppen ihre Konzeption erstellt.

Anmerkungen:
- Besonders interessant wird das „Grande Finale" durch vielfältige Arten von Präsentationen, bei denen allerdings immer der „rote Faden" erkennbar sein sollte.
- Das Motto des „Grande Finale": Alle machen mit!
- *Tipp:* Halten Sie die verschiedenen Präsentationen, wenn möglich, auf Video fest!

Material:
☐ Bilder, Musik, Texte, Plakate
☐ Tafeln, Pinnwände und Tische
☐ passende Gegenstände u.v.m.

6 EVALUIEREN

- „Ampelkärtchen"
- „Blitzlicht"
- „Koordinaten"
- „Stimmungsbarometer"
- „Strahl"
- „Zielscheibe"
- „Lernplakate bewerten"
- „Gruppenprozesse"
- „Eva"
- „Feedbackbogen"

Evaluation ist wichtig, um Qualität der Arbeit zu sichern und zu verbessern. Die ausgewählten Methoden ermöglichen ein Feedback zum Unterricht, zu gemeinsamen Vorhaben, zu Arbeits- und Gruppenprozessen.

Durch die Evaluation werden die Meinungen und Vorstellungen der Teilnehmer ernst genommen, denn ihre Rückmeldung kann zu einer Verbesserung der gemeinsamen Arbeit führen.

Auf diese Weise werden Selbstständigkeit und Eigenverantwortlichkeit in hohem Maße gefördert.

Evaluieren

„Ampelkärtchen"

Einsatzmöglichkeit:
- Feedback einholen zu Kenntnisstand, Lernfortschritt, Arbeitsatmosphäre, Interessenlage …

 Sozialform:
Plenum

 Beschreibung:
Den Teilnehmern stehen Kärtchen in den drei Ampelfarben zur Verfügung.
Die Farbe Grün signalisiert Zustimmung, Gelb steht für Enthaltung,
Rot für Ablehnung.
Wenn eine Rückmeldung zu einem Thema gewünscht wird,
können die Teilnehmer durch Heben des entsprechenden Kärtchens
ihre Meinung kundtun.

 Anmerkungen:
- Die Kärtchen können spontan eingesetzt werden, geben eine klare Rückmeldung von allen Teilnehmern und wirken nicht so störend wie verbale Äußerungen, die oft nur die Meinung einzelner wiedergeben.
- Möglich sind Abfragen unterschiedlichster Art, z.B.:
  – Wurde der Lernschritt verstanden?
  – Wird eine Pause gewünscht?

 Material:
☐ für jeden Teilnehmer drei Ampelkärtchen mit den Maßen
ca. 10 x 4 cm in den Farben Rot, Gelb und Grün, am besten foliert,
damit sie mehrfach eingesetzt werden können.

Evaluieren — „Blitzlicht"

Einsatzmöglichkeiten:
- Abfrage über die Stimmung, die Zufriedenheit mit dem Verlauf der Arbeit, dem Gruppenprozess, dem Ergebnis …,
- während einer Arbeitsphase und als Abschluss.

Sozialform:
Plenum

Beschreibung:
Die Teilnehmer können mündlich kurz und knapp ein Statement abgeben, wie ihnen die Veranstaltung, das Vorgehen oder das Thema gefallen hat.

Anmerkungen:
- Es sollten möglichst alle zu Wort kommen, die Reihenfolge ist beliebig. Die Äußerungen dürfen nicht kommentiert werden.
- Sehr knappe Äußerungen können wie auch beim Brainstorming an der Tafel oder dem Flipchart visualisiert werden.

Material:
☐ bei mündlichem Austausch keine Materialien
☐ zum Visualisieren eine Tafel und mehrfarbige Kreide oder Papierbogen, ca. 70 x 100 cm, und breite Marker

Evaluieren
„Blitzlicht"

BEISPIEL

> **Mögliche Variante:**
> Um die Atmosphäre in einer Gruppe zu erkunden, können auch Metaphern eingesetzt werden, d.h. es geht um die bildhafte Umschreibung der Stimmung der Teilnehmer.
> Wichtig ist: Die Antworten sollten kurz und bündig sein, damit sie schnell notiert werden können. Deshalb ergibt sich auch nicht unbedingt eine Strukturierung. Günstig für die Visualisierung ist jedoch, wenn die eher positiven Äußerungen z.B. oben und die eher negativen unten notiert werden.

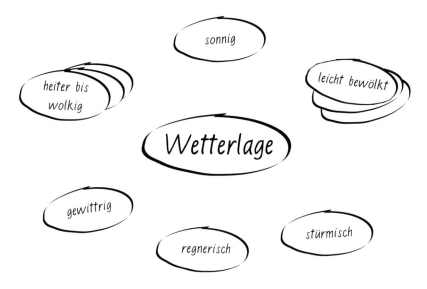

Beispiel: Wie ist das Wetter im Moment bei dir?

> Bei Mehrfachnennungen wird der entsprechende Begriff mit einer anderen Farbe umkreist. So ergibt sich ein Gesamteindruck von der momentanen Gruppenstimmung, denn jeder hat die Möglichkeit sich zu äußern.

Evaluieren 6

„Koordinaten"

 Einsatzmöglichkeiten:
- als Feedback zu einer Arbeitsphase oder zu einer Veranstaltung,
- Abfragen von zwei wichtigen Aspekten einer Arbeitsphase, z.B. dem Arbeitsergebnis und dem Gruppenverhalten.

 Sozialform:
Plenum

 Beschreibung:
Die Teilnehmer können auf einem großen Papierbogen mit aufgezeichneten Koordinaten durch eine Markierung oder das Kleben eines Punktes ihre Meinung abgeben.
Zwei Aspekte können gleichzeitig abfragt werden, z.B. Lernzuwachs und Atmosphäre. Die Wertung ist umso besser, je weiter sie vom Koordinatenkreuz entfernt ist.

Anmerkung:
Manche Teilnehmer scheuen sich vor anderen ihre Wertung abzugeben. In diesem Fall kann die Pinnwand während der Bewertung umgedreht werden, damit die einzelnen Teilnehmer ihre Bewertung anonym abgeben können.
Die anonyme Bewertungsabgabe ist auch auf einem zunächst abgeschalteten OHP-Projektor möglich, der erst aktiviert wird, wenn alle ihre Kreuzchen verteilt haben.
Vorteilhaft ist, dass die Bewertung für alle visualisiert wird.
So ist es möglich, nachzufragen und über das Ergebnis zu sprechen.

 Material:
- ☐ großer Papierbogen, ca. 70 x 70 cm
- ☐ breite Marker oder Klebepunkte
  oder
- ☐ OHP-Folie und Folienstifte

„Koordinaten"

BEISPIEL

Beispiel für ein Koordinatenkreuz zu den Aspekten „Lernzuwachs" und „Arbeitsatmosphäre":

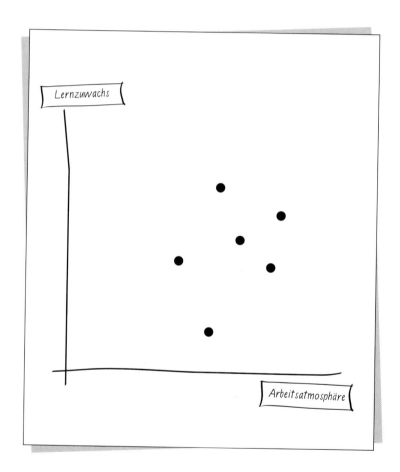

„Stimmungsbarometer"

Einsatzmöglichkeiten:
- Feedback über die Zufriedenheit mit dem Verlauf der Arbeit, dem Gruppenprozess, den Arbeitsbedingungen ...
- geeignet für Zwischenbewertungen, die Korrekturen ermöglichen, oder als Abschluss einer Arbeitsphase.

Sozialform:
Plenum

Beschreibung:
Ein großer Papierbogen mit Raster wird an eine Pinnwand geheftet. Es können verschiedene Aspekte abgefragt werden, zu denen eine Rückmeldung erwünscht ist. Bei der Auswahl können die Teilnehmer einbezogen werden, indem sie angeben, wozu sie sich äußern möchten. Sie geben eine Rückmeldung, indem sie ein Kreuz oder einen Klebepunkt an die Stelle setzen, die ihre momentane Befindlichkeit zum Ausdruck bringt.

Anmerkung:
Dieses Raster kann auch im DIN-A4-Format für jeden Teilnehmer ausgegeben werden.
Es kann nur ein Teil des Rasters zur Abfrage verwendet und mit einer anderen Fragestellung versehen werden.

Material:
☐ großer Papierbogen, ca. 70 x 100 cm
☐ breite Marker oder Klebepunkte
    oder:
☐ Stimmungsbarometer im DIN-A4-Format
    für jeden Teilnehmer

6 Evaluieren

„Stimmungsbarometer"

BEISPIEL

> Für ein Stimmungsbarometer gibt es unzählige Möglichkeiten. Bei diesem Beispiel kann jeder Teilnehmer durch ein Kreuz die Bewertung abgeben:

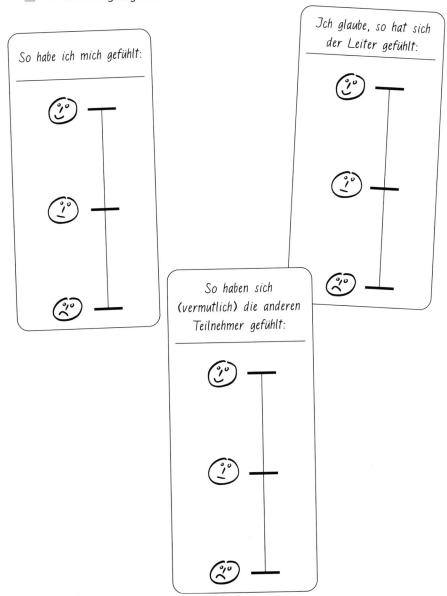

„Stimmungsbarometer"

BEISPIEL

Beispiel für zwei Stimmungsbarometer einer 5. Klasse zu einer Lesenacht im Klassenzimmer mit anschließender Morgenwanderung:

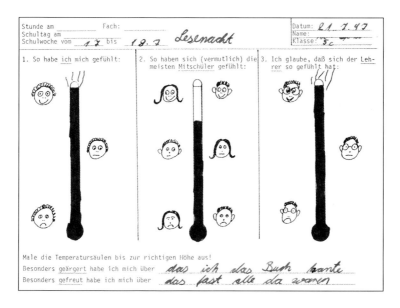

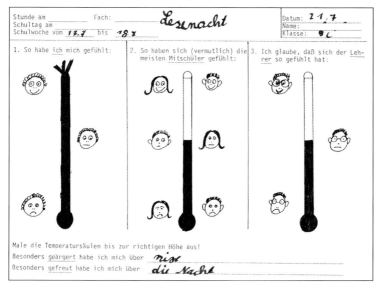

Evaluieren
„Stimmungsbarometer"

BEISPIEL

> Das folgende Beispiel für ein Stimmungsbarometer kann in Großformat auf einen Flipchartbogen aufgezeichnet oder für eine anonymere Wertung auf Folie kopiert werden (dabei gilt wie für den „Strahl" und die „Zielscheibe": Projektor erst anschalten, wenn alle ihre Kreuzchen verteilt haben):

Evaluieren — „Strahl"

Einsatzmöglichkeiten:
- Feedback zu einer Veranstaltung wie Studienfahrt, Schullandheim, Museumsbesuch ...,
- Auswertung einer Projektarbeit oder einer anderen umfangreichen Arbeit,
- Bewertung mehrerer Kriterien auf einer Gesamtübersicht.

Sozialform:
Plenum

Beschreibung:

Die Teilnehmer überlegen sich, nach welchen Kriterien sie beispielsweise eine Veranstaltung bewerten wollen. Auf einen großen Papierbogen werden Strahlen in der entsprechenden Zahl eingezeichnet und die Kriterien vom Zentrum ausgehend an den äußeren Enden eingetragen.
Mit Klebepunkten oder Kreuzchen werden die Teilbereiche bewertet.
Je weiter die Markierung ans Ende des Strahls gesetzt wird,
desto positiver ist die Bewertung.
Um die Bewertung anonymer zu gestalten,
kann der Strahl als Folie aufgelegt werden.
Die Teilnehmer tragen der Reihe
nach ihre Kreuzchen
auf der Folie ein.
Der Projektor wird
erst angeschaltet,
wenn alle ihre
Kreuzchen
verteilt haben.

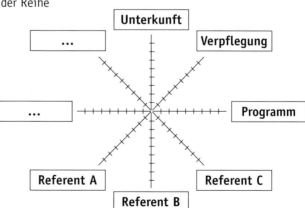

Material:
- ☐ großer Papierbogen
- ☐ breite Marker bzw. Klebepunkte oder
- ☐ OHP-Folie
- ☐ Stifte und Projektor

Evaluieren

„Strahl"

BEISPIEL

Auswertung eines zweitägigen Seminars mit einer 9. Klasse:

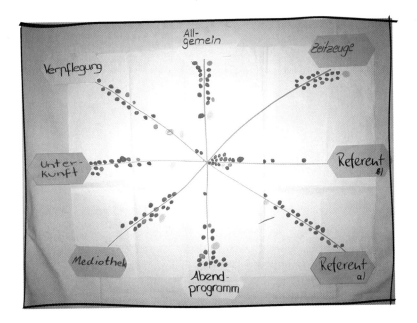

- Alle Kriterien wurden von der Klasse vorgeschlagen,
- Blau ist die Wertung der Jungen, rot die der Mädchen,
- Je weiter außen der Punkt, desto besser die Wertung.

Das Auswertungsplakat ist für die Schüler eine interessante Visualisierung der Veranstaltung. Es ermöglicht allen einen Überblick über die Einschätzung der anderen Teilnehmer und vertiefende Gespräche über gleiche oder auch unterschiedliche Einschätzungen.

Anhand dieses Plakates berichten Schüler bei der Klassenpflegschaft den Eltern von der Veranstaltung. Die Visualisierung ist eindrucksvoll und kann zu interessanten Diskussionen führen.

Evaluieren 6

„Zielscheibe"

Einsatzmöglichkeiten:
- Feedback zu einer Veranstaltung wie Studienfahrt, Schullandheim, Museumsbesuchs ...,
- Auswertung einer Arbeitsphase bzw. eines Gruppenprozesses,
- übersichtliche Bewertung von mehreren Kriterien auf einer Gesamtübersicht.

Sozialform:
Plenum

Beschreibung:
Die Teilnehmer überlegen sich, nach welchen Kriterien sie beispielsweise eine Veranstaltung bewerten wollen. Diese Bewertungskriterien werden nach der Einigung am Rand der Zielscheibe eingetragen.
Mit einem Klebepunkt oder einem Kreuzchen werden die Teilbereiche bewertet. Je näher das Kreuzchen an die Mitte der Zielscheibe gesetzt wird, desto positiver ist die Bewertung in dem entsprechenden Teilbereich (im Gegensatz zum „Strahl", S. 127).
Für differenziertere Bewertungen kann eine Spalte für Anmerkungen ergänzt werden.
Um die Bewertung anonymer zu gestalten, kann die Zielscheibe als Folie aufgelegt werden. Die Teilnehmer tragen der Reihe nach ihre Kreuzchen auf der Folie ein. Der Projektor wird erst angeschaltet, wenn alle ihre Kreuzchen verteilt haben.

Material:
☐ Zielscheibe auf großem Papierbogen
☐ breite Marker bzw. Klebepunkte
   oder
☐ OHP-Folie
☐ Projektor und Stifte

Evaluieren

„Zielscheibe"

BEISPIEL

„Zielscheibe" im Deutschunterricht einer 10. Klasse:

Es ging um ein Feedback zu den Unterrichtsmethoden, die im Unterricht bei der Bearbeitung einer Lektüre eingesetzt wurden. Die Zahlen in den Kästchen zeigen die Zahl der Punkte an, die auf die entsprechenden „Ringe" verteilt wurden. Es konnte maximal für jedes Kriterium ein Punkt vergeben werden, doch war es auch möglich, Kriterien auszulassen.

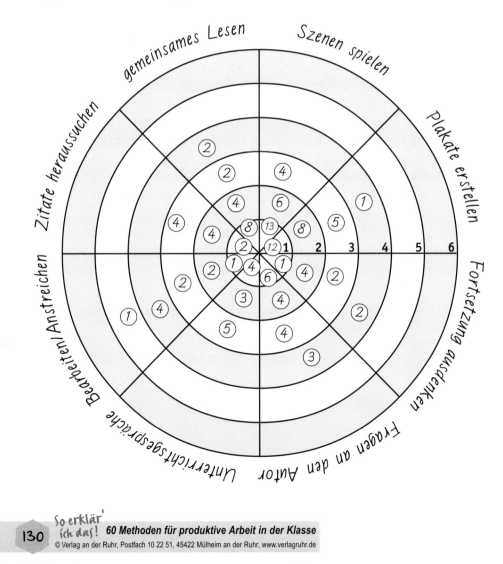

„Lernplakate bewerten"

Evaluieren 6

Einsatzmöglichkeiten:
- Lernplakate (siehe S. 105), die in allen Fächern eingesetzt werden können, werden auf die Einhaltung der vorgegebenen Kriterien überprüft,
- konkretes Feedback zu den Kriterien führt zur Verbesserung der Plakate.

Sozialformen:
Einzelarbeit, anschließend Gruppenarbeit und Plenum

Beschreibung:
Der folgende Bogen wird von den Schülern in Einzelarbeit ausgefüllt und anschließend zuerst in Gruppen und dann im Plenum ausgewertet. Er enthält die Kriterien des Arbeitsbogen „Regeln für Lernplakate" (siehe S. 106) und ist für sieben Plakate vorgesehen.

Anmerkungen:
- Gegenseitige Bewertung schärft den eigenen Sinn für qualitativ gute Arbeit, sodass sich dadurch die Qualität der eigenen Arbeit steigern lässt.
- Wichtig sind die klaren formalen Kriterien, die zu beurteilen auch jüngere Schüler in der Lage sind, wenn sie ihnen vorgestellt und mit ihnen besprochen werden.
- Bereits beim nächsten Plakat wird dank eines klaren Feedbacks eine Verbesserung festzustellen sein.

Material:
☐ Kopien der Bewertungsbögen im DIN-A4-Format in der Zahl der Teilnehmer
☐ Stifte

Evaluieren
„Lernplakate bewerten"

BEISPIEL

Bewertungsbogen für maximal sieben Lernplakate:

Aufgabe: Bewerte die Plakate mit einer Punkteskala von 0 bis 5. Dabei steht 5 für sehr gute Erfüllung der entsprechenden Anforderung, 0 für Nichterfüllung.

	Plakat-Nummer:	1	2	3	4	5	6	7
Bewertungskriterien	Groß- und Kleinbuchstaben in Druckschrift							
	Buchstaben eng aneinander							
	Schriftgröße mind. ca. 2,5 cm							
	Schriftblöcke mit höchstens 3 Zeilen							
	stichwortartig geschrieben							
	pro Plakat nur ein Thema							
	Hervorhebung der Überschrift							
	Gliederung: Schwerpunkte werden deutlich							
	Farben sparsam und systematisch verwendet							
	passendes Bild Veranschaulichung							
	Gesamtsumme:							

Evaluieren 6

„Lernplakate bewerten"

BEISPIEL

Bewertung von sieben Lernplakaten
durch eine Schülerin der 7. Klasse:

Bewertung von Lernplakaten

Bewerte die Plakate mit einer Punkteskala von 0 bis 5.
Dabei steht 5 für die optimale Erfüllung der entsprechenden
Anforderung, 0 steht für Nichterfüllung.

Plakat-Nummer:	1	2	3	4	5	6	7
Groß- und Kleinbuchstaben in Druckschrift	2	2	4	3	4	5	0,5
Buchstaben eng aneinander	4	5	4	3	2,5	3,5	2
Schriftgröße mind. ca. 2,5 cm	3	2,5	3	2	4	2,5	0,5
Schriftblöcke mit höchstens 3 Zeilen	5	2	3	4,5	2	0	2
stichwortartig geschrieben	3	3	4,5	5	3	0	3,5
pro Plakat nur ein Thema	4	4	4	4,5	3	3	5
Hervorhebung der Überschrift	2	2	4,5	4	3	3	5
Gliederung: Schwerpunkte werden deutlich	0	5	3	3	4	2	3,5
Farben sparsam und systematisch verwendet	2,5	4,5	5	3	3	3	4
passendes Bild Veranschaulichung	4	3,5	2,5	5	3,5	2,5	5
Gesamtsumme:	29,5	33,5	37,5	37	32	24,5	31

Bewertungskriterien

* Bei Plakat Nr. 6 ist es etwas unfair da man am Computer alle möglichen Dinge einstellen kann!! (Schriftgröße, hervorheben der Schrift... u.s.w.)

Evaluieren

„Gruppenprozesse"

Einsatzmöglichkeiten:
- Verbesserung der Schlüsselqualifikationen,
- Sensibilisierung für das eigene Verhalten,
- Bewertung von methodischen, personalen und sozialen Kompetenzen.

Sozialformen:
Einzel-/Gruppenarbeit

Beschreibung:
Im Rahmen der Gruppenarbeit werden Schlüsselqualifikationen eingeübt. Um sich erfolgreich weiterentwickeln zu können, ist die Rückmeldung von den Gruppenmitgliedern hilfreich.
Damit das eigene Verhalten bewusst wird, werden mit den Teilnehmern Kriterien erarbeitet, die während der Arbeit einzuhalten sind und im Anschluss an die Arbeit bewertet werden.
Dazu sind die beiden folgenden Bewertungsbögen gedacht.
Sie enthalten drei Kriterien, die nach Bedarf geändert und ergänzt werden können.
Ausgeteilt wird zunächst jedem das **Bewertungsraster A**, das in Einzelarbeit sehr sorgfältig ohne Kontakte mit anderen ausgefüllt werden sollte. Anschließend bekommt jede Gruppe die **Gruppenbewertung B**, die entsprechend den Anweisungen zu bearbeiten ist.

Anmerkungen:
- Es ist nicht einfach, sich und andere zu bewerten und offen darüber zu sprechen.
- Es kann durchaus Konflikte geben, die in der Gruppe besprochen und nach Möglichkeit bereinigt werden sollten.

Material:
☐ **Bewertungsraster A** in Kopie für jeden Teilnehmer
☐ **Gruppenbewertung B** entsprechend der Anzahl der Gruppen

Evaluieren

„Gruppenprozesse"
BEISPIEL

Bewertungsraster A:

Ergänze zuerst deinen Namen und dann die Namen der übrigen Gruppenmitglieder. Trage anschließend bei jedem Verhalten ein, wie du dich selbst beurteilst („Selbst") und wie du deine Mitarbeiter in der Gruppe bewertest („Fremd").
Vergeben kannst du zwischen 0 und 4 Punkten. Je höher der Punktwert, desto besser war das genannte Verhalten zu beobachten. 4 Punkte stehen also für eine sehr gute Leistung, 0 Punkte für eine schlechte Leistung.

Verhalten in der Gruppe	Namen der Gruppenmitglieder:					
	Selbst	Fremd	Fremd	Fremd	Fremd	Fremd
kann gut zuhören und auf andere eingehen						
bringt viele Ideen und Lösungsvorschläge ein						
achtet darauf, dass am Thema gearbeitet wird						

(in Anlehnung an: Klippert, H.: Teamentwicklung im Klassenraum. 4/2001)

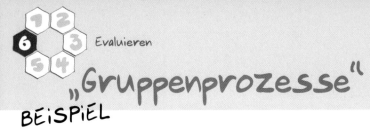

BEISPIEL

> **Gruppenbewertung B:**
>
> Ihr arbeitet nun mit den Personen zusammen, die auf **Bewertungsraster A** eingetragen sind. Zuerst vergleicht ihr eure Fremdbewertungen und einigt euch auf einen gemeinsamen Wert (dabei dürft ihr nicht einfach den Durchschnitt nehmen). Die Fremdbeurteilung, die ihr selbst erhalten habt, übertragt ihr auf euren eigenen Bogen.

Verhalten in der Gruppe	Namen der Gruppenmitglieder:					
kann gut zuhören und auf andere eingehen						
bringt viele Ideen und Lösungsvorschläge ein						
achtet darauf, dass am Thema gearbeitet wird						

(in Anlehnung an: Klippert, H.: Teamentwicklung im Klassenraum. 4/2001)

Evaluieren 6: „Eva"

Einsatzmöglichkeiten:
- Feedback zu einer gemeinsamen Veranstaltung wie Studienfahrt, Schullandheim, Museumsbesuch …,
- Auswertung einer Projektarbeit oder einer anderen umfangreichen Arbeit.

Sozialformen:
Einzelarbeit oder Plenum

Beschreibung:
Jedem Teilnehmer wird ein vorbereitetes DIN-A4-Blatt ausgegeben, auf dem eine Person dargestellt ist. Den verschiedenen Körperpartien sind Überlegungen zugeordnet, zu denen Stellung bezogen werden kann. Die angeführten Überlegungen können auf die eigene Situation angepasst, erweitert oder reduziert werden.
Alternativ kann ein vorbereiteter Flipchartbogen ausgelegt werden. Die Teilnehmer schreiben ihre Gedanken auf Moderationskärtchen und ordnen sie den Körperpartien zu. Anschließend wird das Ergebnis gemeinsam betrachtet, evtl. ergänzt und vielleicht in einem Gespräch vertieft.

Material:
☐ Auswertungsbögen in der Zahl der Teilnehmer oder ein vorbereiteter Flipchartbogen
☐ Moderationskärtchen und breite Marker

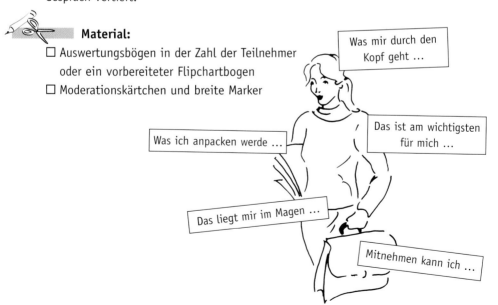

Evaluieren

„Feedbackbogen"

Einsatzmöglichkeiten:
- zum Abschluss eines Seminars oder einer Unterrichtssequenz, um von jedem Teilnehmer ein differenziertes Feedback zu erhalten,
- geeignet für verschiedene Arten von Veranstaltungen.

Sozialform:
Einzelarbeit

Beschreibung:
Jedem Teilnehmer wird ein vorbereiteter Fragebogen ausgeteilt, auf dem er zu verschiedenen Bereichen und Aspekten der Veranstaltung oder des Themas um Stellungnahme gebeten wird.
Der Fragebogen wird in Einzelarbeit ausgefüllt, ist anonym und ermöglicht differenzierte Aussagen.
Außerdem kann er leicht abgewandelt werden.

Feedbackbogen

(bitte ehrlich ausfüllen)

Das Thema _____
war sehr umfangreich – du hast viele Informationen bekommen, manches wurde allerdings nur angedeutet, vieles gäbe es sicher noch zu ergänzen.

Bitte gib mir ein Feedback, wie dir das Thema gefallen hat:

Es hat mir
- ☐ gut gefallen
- ☐ mittelmäßig gefallen
- ☐ weniger gefallen
- ☐ nicht gefallen

Begründung:

Mich hat besonders interessiert:

Das habe ich vermisst:

Was ich noch sagen möchte:

Evaluieren 6

„Feedbackbogen"
BEISPIEL

Ein von einem Siebtklässler ausgefüllter Feedbackbogen:

Vorher wurde betont, dass die Schüler um eine ehrliche Rückmeldung gebeten wurden. Es wurde verdeutlicht, dass Kritik wichtig ist, um den Unterricht und den Umgang miteinander zu verbessern. Das Ergebnis wurde ausgewertet, auf Folie geschrieben und miteinander besprochen.

Fragebogen

(bitte ehrlich ausfüllen)

Seit September arbeiten wir inzwischen zusammen. Wir haben schon viel miteinander erlebt. Oft gab es nicht genug Zeit, auf alle wichtigen Dinge einzugehen. Vieles ist sicher noch zu verbessern.

Bitte gib mir ein Feedback, wie dir unsere bisherige Zusammenarbeit gefallen hat:

Sie hat mir
- [ ] gut gefallen
- [X] mittelmäßig gefallen
- [ ] weniger gefallen
- [ ] nicht gefallen

Begründung:
Ich bin allgemein kein Unterrichtsfan und soweit ich mich kenn gefällt mir in der Schule nichts außer Sport und manchmal Musik oder Pause!

Mir hat besonders gut gefallen:
Dass oft unsere Meinung gefragt ist!
Dass Sie uns direkt ansprechen, ob wir uns überflüssig oder so fühlen und sich mit unseren Problemen beschäftigen.

Das habe ich vermisst:
Humor

Was ich Ihnen noch sagen möchte:
Für 'ne Lehrerin sind Sie okay!

LITERATURHINWEISE

Bauer, R.:
Schülergerechtes Arbeiten in der Sekundarstufe I: Lernen an Stationen. Cornelsen Verlag Scriptor, Frankfurt 1997.

Böttcher, W./Philipp, E. (Hrsg.):
Mit Schülern Unterricht und Schule entwickeln. Vermittlungsmethoden und Unterrichtsthemen für die Sekundarstufe I.
Beltz Verlag, Weinheim 2000.

Fiederle, X.:
Methoden Feature. Freiburg 1998. Zu bez. über: Prof. Dr. Xaver Fiederle, Anemonenweg 22, 79104 Freiburg.

Fitzsimmons, J., u.a.:
Tolle Ideen – Arbeitsergebnisse präsentieren und ausstellen. Verlag an der Ruhr, Mülheim 1996.

Gressmann, M., u.a.:
Präsentation mit elektronischen Medien. Neuland Verlag für lebendiges Lernen, Künzell 1999.

Gugel, G.:
Methoden-Manual I: „Neues Lernen". Beltz Verlag, Weinheim 1997.

Klippert, H.:
Methodentraining. Übungsbausteine für den Unterricht. Beltz Verlag, Weinheim 1997 (6. Auflage).

Klippert, H.:
Teamentwicklung im Klassenraum. Übungsbausteine für den Unterricht. Beltz Verlag, Weinheim 1998.

Kneip, W., u.a.:
Lern-Landkarten – Ganzheitliches Lernen. Verlag an der Ruhr, Mülheim 1998.

Koechlin, C./Zwaan, S.:
Informationen beschaffen, bewerten, benutzen. Verlag an der Ruhr, Mülheim 1998.

Nissen, P./Iden, U.:
KursKorrektur Schule. Windmühle Verlag, Hamburg 1995.

Philipp, E.:
Teamentwicklung in der Schule. Beltz Pädagogik, Weinheim 1998 (2. Auflage).

Realschule Enger:
Lernkompetenz I und II. Bausteine für eigenständiges Lernen (mit CD-Rom). Cornelson Verlag Scriptor, Berlin 2001.

Schnelle-Cöln, T./Schnelle, E.:
Visualisieren in der Moderation. Windmühle Verlag, Hamburg 1998.

Seifert, J. W.:
Visualisieren, Präsentieren, Moderieren. Gabal Verlag, Offenbach 1997 (10. Auflage).

Wiechmann, J. (Hrsg.):
Zwölf Unterrichtsmethoden. Beltz Verlag, Weinheim 1999.

INTERNETADRESSEN

- www.learn-line.nrw.de/angebote/umweltgesundheit/medio/unter/u_meth.htm
- www.wohlgemuth-media.de/html/method-train.htm
- www.deutschunterricht.org/29_lernmethoden.htm
- www.ni.schule.de/~pohl/unterricht/
- www.sowi-online.de
- www.learnline.de
- www.referendar.de/Methoden.htm
- www.4teachers.de
- www.guterunterricht.de
- www.politische-bildung.de
- www.lpb.bwue.de

Verlag an der Ruhr

www.verlagruhr.de

Was ist Werkstatt-Unterricht?

Anders Weber
68 S., A5, Pb.
ISBN 3-86072-377-4
Best.-Nr. 2377
6,– € **(D)**/6,20 € (A)/10,80 CHF

Jetzt versteh' ich das!

Bessere Lernerfolge durch Förderung der verschiedenen Lerntypen

Ellen Arnold
Ab 6 J., 79 S., A5, Pb.
ISBN 3-86072-587-4
Best.-Nr. 2587
8,60 € **(D)**/8,85 € (A)/15,30 CHF

Unterricht planvoll organisieren

Erste Hilfe Schulalltag
Überleben in der Schule

Lösungsstrategien finden – alleine und im Team

Heinrich Münz
129 S., A4, Pb.
ISBN 3-86072-458-4
Best.-Nr. 2458
21,50 € **(D)**/22,10 € (A)/37,70 CHF

Hilfe, ich hab' einen Einstein in meiner Klasse!

Wie organisiere ich Begabtenförderung

John Edgar, Erin Walcroft
Kl. 2–8, 96 S., A4, Pb.
ISBN 3-86072-735-4
Best.-Nr. 2735
19,50 € **(D)**/20,– € (A)/34,20 CHF

Verlag an der Ruhr
Postfach 102251 • D–45422 Mülheim an der Ruhr
Tel.: 0208/495040 • Fax: 0208/4950495
e-mail: info@verlagruhr.de

Bücher für die pädagogische Praxis

Verlag an der Ruhr
www.verlagruhr.de

Erste Hilfe Schulalltag
Der Elternabend

Wolfgang Hund
Für alle Schulstufen,
62 S., A4, Papph.
ISBN 3-86072-460-6
Best.-Nr. 2460
17,50 € (D)/18,– € (A)/30,70 CHF

Lern-Landkarten

*Ganzheitliches Lernen:
Motivieren, Trainieren,
Konzentrieren*

Winfried Kneip, Dirk Konnertz,
Christiane Sauer
Ab Kl. 5, 128 S., A4-quer, Pb.
ISBN 3-86072-323-5
Best.-Nr. 2323
18,60 € (D)/19,15 € (A)/32,60 CHF

Unterricht planvoll organisieren

**Mediation in der
pädagogischen Arbeit**

*Ein Handbuch für Kindergarten,
Schule und Jugendarbeit*

Kurt Faller
234 S., A5, Pb.
ISBN 3-86072-341-3
Best.-Nr. 2341
15,30 € (D)/15,70 € (A)/26,80 CHF

**Zusammen
kann ich das**

Effektive Teamarbeit lernen

Susan Finney
Ab 10 J., 196 S., A4, Pb.
ISBN 3-8607-2-499-1
Best.-Nr. 2499
21,50 € (D)/22,10 € (A)/37,70 CHF

Verlag an der Ruhr Bücher für die
Postfach 10 22 51 • D–45422 Mülheim an der Ruhr pädagogische Praxis
Tel.: 0208/49 50 40 • Fax: 0208/49 50 495
e-mail: info@verlagruhr.de